Margrit Gutta

KINDER LERNEN SPIELEND KOCHEN

Lieblingsgerichte mit viel Spaß selbst zubereitet

Für die Einrichtung der Puppenküche danken wir den Spielwarenherstellern Hesmer GmbH, 5880 Lüdenscheid, Johann Schopper, 8502 Zirndorf und Lambert Heiliger, 7336 Uhingen.

Auf dem Titelbild sind abgebildet rechts Müsli mit Erdbeeren, Rezept auf Seite 14, unten Spaghetti mit Fleischsoße, Rezept auf Seite 40, oben Waffeltorte, Rezept auf Seite 56.

Im gleichen Verlag ist von Margrit Gutta ein weiteres Kinderkochbuch erschienen: „Kinder lernen spielend backen".

CIP-Kurztitelaufnahme der Deutschen Bibliothek

Gutta Margrit:
Kinder lernen spielend kochen / von Margrit Gutta. –
Niedernhausen/Ts.: Falken-Verlag, 1980. (Falken farbig)
ISBN 3-8068-5096-8

ISBN 3 8068 5096 8

© 1980/1985 by Falken-Verlag GmbH, 6272 Niedernhausen/Ts.
Fotos: Studio Edith Gerlach, Jahreszeiten, Gruner + Jahr, CMA
Satz: LibroSatz, Kriftel
Druck: Oscar Brandstetter Druckerei GmbH & Co. KG, Wiesbaden

Inhalt

Ein Wort an Eltern und Kinder *6*
Liebe Eltern, liebe Kinderfreunde *6* · Liebe Mädchen und liebe Jungen *6*

Kochen – keine Kunst *8*
Wie man mit Herden umgeht *8* · Maße und Gewichte *8* · Die Küchengeräte *10* · Was man nicht machen sollte *12*

Rezepte für die Puppenküche *13*
Haferflocken-Müsli *13* · Apfelsinen-Quark *14* · Kraft-Trunk *14* · Müsli mit Erdbeeren *14* · Schoko-Bananen-Flocken *16* · Bananen-Milch *16*
Schinkennudeln mit Rührei *18* · Kleine Restepfanne *18*

Für Süßmäulchen (süße Nachspeisen) *20*
Birnen-Igel *20* · Schokoladensoße *21* · Himbeer-Quarkcreme *22* · Bananen-Kirschsalat *22* · Quarkcreme »Rotkäppchen« *23* · Vanillesoße *23*
Gefüllte Äpfel *24* · Grießflammeri mit Obst *25* · Schokoladenfondue *26*

Mixereien für durstige Kinder *28*
Apfelsinenmilch *28* · Erdbeermilch *28* · Zitronenmilch *29*

Leckere Brote *30*
Süßer Bananentoast *30* · Doppeldecker *30* · Quarkbrot mit Apfel *31* · Schachbrett-Brot *32* · Radieschen-Fisch *32* · Toast Hawaii *33*

Puffer und Eierkuchen *34*
Eierpfannkuchen *34* · Eierkuchentaschen mit Quarkfülle *35* · Apfelplinsen *35* · Omelette mit Geflügelfüllung *35* · Omelette mit Pilzfüllung *36*
Kartoffelpuffer mit Apfelmus *37*

Spaghetti und andere Nudeleien *38*
Wie Spaghetti gekocht werden *38* · Spaghetti mit Tomatensoße und Wurst *39* · Spaghetti mit Apfel-Tomatensoße *40*
Spaghetti mit Fleischsoße *40* · Grüne Nudeln mit gefüllten Tomaten *41*

Wir kochen Reis *42*
Reis im Kochbeutel *42* · Vollwert-Reis *42* · Erbsen-Schinken-Reis *43*

Wie werden Kartoffeln gekocht? *44*
Pellkartoffeln *44* · Quark mit Kräutern zu Pellkartoffeln *44* · Salzkartoffeln *46* · Bratkartoffeln wie von Mutti *46*
Kartoffelsalat *47* · Speckwürstchen mit Kartoffelsalat *47* · Kartoffelklöße *48* · Einestchen auf Kartoffelpüree *48*

Leckere Mittagessen *50*
Frikadellen *50* · Möhrengemüse *50* · Brathähnchen mit Salat *52* · Kräuterreis *52* · Bunter Salat *53* · Champignons *53* · Sonntagsschnitzel *54*
Gulasch *54* · Schweinebraten mit Klößen und Gemüse *56* · Waffeltorte *57*

Wenn wir Gäste haben *58*
Grillen im Freien *58* · Gegrilltes Fleisch-Mix *58* · Gegrillte Würstchen *59* · Gegrillte Frikadellen *59* · Hähnchenkeulen *60*
Grillspieße *60* · Bunter Wurstsalat *61* · Apfel-Grillspieße *62* · Gegrillte Tomaten *62* · Erbsen-Schinken-Salat *63*
Gefüllte Tomaten *64*

Ein Wort an Eltern und Kinder

Liebe Eltern, liebe Kinderfreunde

Bücher für Kinder werden von Erwachsenen gekauft – als Geschenk zu Geburtstagen und Feiertagen oder als freundliches Mitbringsel. Wenn Sie dabei nach einem Kinderkochbuch greifen, ist anzunehmen, daß Sie selbst gerne kochen oder sich mit Vergnügen an eigene Kindheitserlebnisse mit ersten »Mansch- und Kochversuchen« erinnern. Es ist also zu hoffen, daß Sie Verständnis haben, wenn die eigenen Kinder in der Küche beginnen, ihre Aktivitäten zu entfalten. Am Anfang könnte es sein, daß ab und zu ein behutsames Eingreifen nötig ist, um Küchenunglücke zu verhindern. Aber mit etwas Geduld für das Experimentieren der Kinder werden Sie sich bald darüber freuen können, wie die kleinen Köche und Köchinnen erste gelungene Ergebnisse präsentieren.
Kindern macht Kochen Spaß, und sie essen nichts lieber als selbstgemachtes Essen.
Beim Entstehen dieses Buches haben mehr als vierzig Jungen und Mädchen zwischen sieben und zwölf Jahren mitgewirkt. Die Rezepte wurden mit ihnen gemeinsam ausgesucht und ausprobiert.
Um das langsame und stufenweise Lernen zu erleichtern, sind die Rezepte nach Schwierigkeitsgraden unterteilt. Es gibt ganz einfache, gefahrlose Rezepte für Anfänger, Rezepte für Kinder mit etwas Koch- und Backerfahrung und Rezepte für Kinder, die im Umgang mit Rezepten und Geräten schon geübter sind.

Und für Kinder, denen der Zutritt zu Muttis Traumküche noch nicht erlaubt ist, gibt es zum ersten Üben Rezepte für die Puppenküche.

Liebe Mädchen und liebe Jungen

Kochen lernen können alle Mädchen und alle Jungen.
Kochen lernen ist wie ein neues Spiel, bei dem es viel zu experimentieren und zu probieren gibt.
Kochen lernen macht viel Spaß, weil man bei diesem Spiel anschließend alles selber aufessen kann. Und, kochen wird niemals langweilig, denn es gibt so viele schöne Gerichte, daß ihr immer wieder etwas Interessantes und Neues entdecken könnt. Wie ihr wißt, gibt es auch viele Erwachsene, denen Kochen und Essen Spaß macht.
Ihr findet in diesem Kochbuch viele leckere Rezepte zum Kochen und Backen, die leicht nachzumachen sind. Damit es am Anfang einfacher ist, das geeignete Rezept herauszufinden, sind die Rezepte danach unterteilt, wie schwierig ihre Zubereitung ist.
Wenn ihr zum Beispiel noch ganz wenig Erfahrung habt, sucht Rezepte heraus, die das Zeichen »A« haben.
Wenn ihr schon etwas geübter im Kochen seid, könnt ihr auch die Rezepte ausprobieren, die das Zeichen »B« haben.
Für diejenigen unter euch, die schon viel gekocht und gebacken haben, gibt es noch mehr Auswahl. Sie können dann auch Rezepte mit dem Zeichen »C« nachkochen.

Also:

A = für Anfänger

B = für Fortgeschrittene und

C = für erfahrene Kinderköche und -köchinnen

Außerdem gibt es für die jüngeren unter euch Rezepte, die schon in der Puppenküche zubereitet werden können.

Und nun, bevor ihr euch an das erste Rezept wagt, gibt es noch ein paar Tips, damit alles ganz gut gelingt!

... Lest das Rezept, das ihr ausgesucht habt, ganz gründlich durch, am besten sogar zweimal

... Stellt alles, was ihr an Zutaten und Geräten braucht, in der Reihenfolge hin, wie es gebraucht wird

... Kochen und Essen macht mehr Spaß, wenn es mehrere Kinder gemeinsam tun. Ihr könnt aber natürlich auch alleine kochen oder backen. Für wieviele Freunde, Geschwister und Erwachsene die Zutaten berechnet sind, steht immer vor dem Rezept.

Kochen – keine Kunst

Wie man mit Herden umgeht

... das läßt du dir beim ersten Mal am besten von der Mutter zeigen, denn jeder Herd arbeitet etwas anders. Merke dir aber:

Elektroherd (E-Herd)
Es gibt Schaltstufen von
0–3 (bei der Normalplatte) oder von 0–12 (bei der Automatikplatte)
Stufe 2,5–3 (oder 9–12) brauchst du zum Ankochen und Braten
Stufe 0,5–1 (oder 2–4) brauchst du zum langsamen Fertiggaren

Gasherd (G-Herd)
Es gibt Schaltstufen von 0–3 oder du stellst die Gasflamme nach der Größe ein.
Stufe 2–3 oder mittelgroße bis große Flamme brauchst du zum Ankochen und Braten
Stufe 1 oder die kleinste Flamme brauchst du zum langsamen Kochen

Maße und Gewichte

In allen Rezepten sind die Mengen der Zutaten angegeben. Größere Mengen, zum Beispiel 500 g Kartoffeln oder 250 g Hackfleisch, kannst du auf der *Küchenwaage* abwiegen – oder du kaufst gleich entsprechend viel.
Zum Abmessen kannst du auch eine *Tasse* nehmen oder einen *Meßbecher* mit einer genauen Maßangabe für Flüssigkeit sowie Gramm-Einteilung. Z. B. für Zucker, Mehl, Haferflocken usw. Kleine Mengen mißt du am besten mit einem Eßlöffel, Kaffeelöffel (= Teelöffel) oder mit der Messerspitze ab.
1 gehäuften Eßlöffel Zucker hast du, wenn du den Löffel so voll häufst, daß nichts mehr drauf paßt;
1 gestrichenen Eßlöffel Zucker hast du, wenn du einmal mit dem Finger oder einem Messer über den vollen Löffel streichst;
1 Kaffeelöffel Zucker mißt du genau so ab, wie beim Eßlöffel beschrieben, nur nimmst du eben einen kleinen Löffel;
1 Messerspitze Zucker ist die Menge, die auf die vordere Spitze des Messers paßt. Nimm bei der Angabe »Messerspitze« aber bitte ein kleines Messer, z. B. das Küchenmesser;
1 Prise Zucker ist soviel, wie du zwischen Daumen und Zeigefinger halten kannst. Also nur eine ganz kleine Menge. Meist brauchst du die Prise nur zum Abschmecken;

1 Bund Schnittlauch oder Petersilie ist immer die Menge, die du im Gemüsegeschäft abgepackt erhältst; *Beutel, Päckchen und Packungen* sind Bezeichnungen für die üblichen Abpackungen von Lebensmitteln;

Dosen gibt es in verschiedenen Größen. Achte deshalb auf die zusätzliche Mengenangabe im Rezept, z. B. 1 Dose (= Einwaage 200 g).

Die Küchengeräte

Du erleichterst dir die Kochvorbereitungen und das Kochen sehr, wenn du die richtigen Küchengeräte benutzt. Zum Beispiel kannst du

das Schälmesser (Kartoffelschäler) zum Schälen von Kartoffeln, Möhren, Äpfeln benutzen;

den Apfelausstecher verwenden, wenn das Kerngehäuse von Äpfeln ausgestochen werden soll;

das Tomatenmesser (mit feiner Sägeschneide) benutzen, wenn Tomaten, Radieschen, Gurken usw. in Scheiben geschnitten werden;

den Eischneider zu Hilfe nehmen, um hartgekochte Eier in Scheiben zu schneiden. Halbiert oder geviertelt werden hartgekochte Eier am besten mit einem scharfen Messer;

den Eßlöffel oder Kaffeelöffel nehmen, wenn Tomaten oder Äpfel ausgehöhlt werden sollen. Eine ausgehöhlte Tomatenhälfte kannst du z. B. umgedreht als Mütze für ein gekochtes Ei verwenden. Mit ein paar Mayonnaisetupfen wird daraus ein Fliegenpilz;

die Rohkostreibe zum feinen oder groben Raspeln von rohem Gemüse oder Obst, auch von Käse, verwenden. Je nach Art der Reibe kann man auch das Gemüse in feine Scheiben raffeln;

Schneebesen, Kochlöffel, Schaumkelle und Schaumlöffel sowie Suppenkelle sind die Geräte, die sehr häufig gebraucht werden;

Messer in verschiedenen Größen brauchst du zum Schneiden. Daß du beim Schneiden auf deine Finger aufpaßt, ist ja klar;

Dosenöffner mit Griff sind gut geeignet, um eine Dose gefahrlos zu öffnen. Wenn dein Dosenöffner zuhause keinen Haltegriff hat, lege zur Sicherheit ein Küchentuch

über die Dose. So kannst du die Dose bequem öffnen und schneidest dich nicht am scharfen Dosendeckel;
den Durchschlag oder das Sieb brauchst du häufig, z. B. zum Abtropfen von Obst oder Gemüse aus der Konserve, beim Salat- und Gemüsewaschen, zum Abtropfen von Spaghettis;
die Zitronenpresse ist praktisch, wenn du beim Kochen Zitronen- oder Orangensaft brauchst. Die halbierten Früchte werden ausgepreßt, und der Saft sammelt sich unten in der Presse.

Und was noch zum Kochen nützlich ist, das sind natürlich
Topflappen
Denke daran, nie einen heißen Topf vom Herd zu nehmen oder einen Kuchen aus dem Backofen, ohne die Hände mit Topflappen oder Topfhandschuhen zu schützen. Denn verbrannte Finger tun eklig weh!
Küchenschürze und Seife.
Wenn du deine Kleidung beim Kochen und Backen schützen willst, binde dir eine Schürze um, bevor du mit der Arbeit beginnst. Denke auch daran, vorher die Hände zu waschen.

Zwiebelschneiden will gelernt sein.
Wie es richtig gemacht wird, kannst du aus dem Bild erkennen. Schäle zuerst die ganze Zwiebel. Spüle sie dann kurz mit kaltem Wasser ab, damit du beim Schneiden nicht »weinen« mußt.
Halbiere die Zwiebel und lege sie mit der Schnittfläche auf das Schneidbrett.
Jetzt machst du mit einem scharfen Küchenmesser senkrecht von oben dicht an dicht Einschnitte. Halte dabei mit der linken Hand die Zwiebel an ihrem Zipfel, mit der rechten Hand das Messer. Achte darauf, daß du nicht ganz bis zum Zipfel durchschneidest, damit die Zwiebel noch Halt hat.
Dann schneidest du die Zwiebelhälfte waagerecht 2- bis 3mal ein.
Danach senkrecht, quer zum Zipfel, so daß kleine Würfel entstehen.
Zwiebelringe erhältst du, wenn die geschälte Zwiebel senkrecht in dünne Scheiben geschnitten wird. Die Scheiben drückst du dann zu Ringen auseinander.

Was man nicht machen sollte:

1. mit nassen Händen an eine Steckdose greifen;

2. die Kochplatten beim Elektroherd angeschaltet lassen, obwohl man mit dem Kochen fertig ist;

3. das Essen oder den Kuchen im Backofen stehen lassen und ein anderes Spiel beginnen, denn sonst gibt es »Brandenburger« Gerüche aus der Küche;

4. die Küche nach dem Kochen verlassen, ohne aufgeräumt und abgewaschen zu haben. Deine Mutter freut sich, wenn du ihr die Küche so ordentlich übergibst, wie sie vor deinen Kochübungen war, und wird dich das nächste Mal sicher wieder kochen lassen.

Rezepte für die Puppenküche

Bei schlechtem Wetter oder im Winter macht es Spaß, im Hause zu spielen. Wenn du Puppenkinder und Puppengeschirr besitzt, kannst du dann auch einmal neue Rezepte ausprobieren, genau so, wie du es bei Mutti oder Vati in der großen Küche gesehen hast. Je öfter du für deine Puppenfamilie sorgst und kochst, um so leichter ist es für Dich, auch in Muttis Küche mal beim Kochen zu helfen oder gar selbst zu kochen.

Wenn du für deine Puppenkinder ein Essen kochen möchtest, brauchst du natürlich Zutaten.
Schreibe alle Zutaten für das Rezept, das du kochen möchtest, auf einen Zettel. Und mit diesem »Einkaufszettel« gehst du dann zur Mutter und bittest sie um die Zutaten.

Tip:
Fange möglichst nicht kurz vor dem Mittag- oder Abendessen an, wenn du für deine Puppen kochen willst. Denn dann braucht deine Mutter selbst den Platz in der Küche und die Küchengeräte. Ihr kämt euch nur unnötig in die Quere.

Haferflocken-Müsli   A

Müsli mit kernigen Haferflocken ist besonders gesund. Du solltest es recht häufig für die Puppenfamilie oder für dich zum Frühstück machen.

Für eine Puppenfamilie brauchst du:
4 Eßlöffel kernige Haferflocken,
1 kleinen Apfel,
1 Eßlöffel gehackte Haselnüsse,
1–2 Eßlöffel Honig,
1 Tasse Milch.

Und so wird es gemacht:
Die Haferflocken in eine Schüssel geben oder auf kleine Teller verteilen. Den Apfel waschen und abtrocknen. Wenn die Schale nicht schön ist, solltest du den Apfel schälen. Schneide den Apfel in Viertel und entferne das Kerngehäuse. Dann die Apfelviertel in kleine Stücke schneiden oder auf einer Rohkostreibe raspeln. Apfelstücke mit den gehackten Haselnüssen auf die Haferflocken geben. Den Honig darüberträufeln und das Müsli mit Milch übergießen. Haferflocken-Müsli ist gesund und macht groß und stark.

Apfelsinen-Quark   A

... schmeckt zwischendurch immer gut und ist gesund.

Für eine Puppenfamilie brauchst du:
125 g Quark (= 2 gehäufte Eßlöffel),
2 Eßlöffel Milch,
1 Eßlöffel Zucker,
1 Apfelsine (= Orange),
1 Kaffeelöffel Schokoladenstreusel.

Und so machst du es:
Gib den Quark in deine größte Puppenschüssel oder leihe eine kleinere Schüssel bei Mutti aus. Milch und Zucker zugeben und mit dem Schneebesen oder einem Kochlöffel alles glattrühren.
Nun schäle die Apfelsine, wie du dabei mit dem Messer umgehen mußt, weißt du ja. Teile die Apfelsine in die einzelnen Scheiben (= Spalten) und schneide diese in kleine Stücke. Gib die Apfelsinenstückchen zum Quark, und rühre sie vorsichtig unter.
Streue noch die Schokoladenstreusel über den Quark und dann kannst du ihn servieren.
Du kannst natürlich den Apfelsinen-Quark auch auf kleine Teller verteilen.

> *Tip:*
> Dazu kannst du noch eine Scheibe Vollkornbrot mit Butter bestreichen und in Stücke schneiden.

Kraft-Trunk   A

Dieses Getränk eignet sich gut, um Puppenkinder – oder dich und deine Freunde – am Morgen oder Nachmittag munter zu machen.

Du brauchst für 1 großes Glas:
2 Eßlöffel feine Haferflocken (blütenzart),
Apfelsaft.

Und so wird es gemacht:
In ein großes Glas (180 ccm) die Haferflocken geben. Mit Apfelsaft aufgießen und gut umrühren. Gleich trinken.

Müsli mit Erdbeeren   A   (Titelbild)

Für eine Schar hungriger Puppenkinder brauchst du:
6 gehäufte Eßlöffel Corn-flakes (Honigcorn, Frosties oder Corn Pops),
125 g frische Erdbeeren (du kannst auch Johannisbeeren, Kirschen usw. nehmen),
1 Eßlöffel Honig,
1 Tasse Milch.

Und so wird es gemacht:
Verteile die Corn-flakes auf die Puppenteller oder in kleine Tassen.
Die Erdbeeren mußt du unter kaltem Wasser waschen. Lasse sie abtropfen und zupfe die Stielchen ab. Größere Erdbeeren schneidest du ein oder zweimal durch, damit sie in die Puppenmündchen passen. Dann die Erdbeeren ebenfalls auf die Teller verteilen, mit Honig beträufeln und mit Milch übergießen.
Das schmeckt allen Puppenkindern gut.

> *Tip:*
> Müsli mit Erdbeeren kannst du auch für dich zum Frühstück machen. Es schmeckt prima, und die Portion macht dich satt.

Schoko-Bananen-Flocken A

... schmecken den Puppenkindern und natürlich dir – zum Frühstück oder beim Spielen.

Du brauchst dafür:
1 Becher Joghurt,
1 gehäuften Eßlöffel Nesquik (oder Kaba),
1 Eßlöffel Honig,
1 kleine Banane,
1 gehäuften Kaffeelöffel Schokoladenstreusel (oder Schokoladenblättchen).

Und so wird es gemacht:
Gib den Joghurt in eine Schüssel und verrühre ihn mit Nesquik und Honig. Nimm zum Rühren am besten den Schneebesen. Die Banane schälen und in ganz dünne Scheiben schneiden. Diese in den Joghurt rühren und die Schokoladenstreusel darüberstreuen.

Tip:
Dazu eine Scheibe Vollkornbrot mit Butter essen. Du kannst die Scheibe in kleine Stücke schneiden, wenn du deine Puppenkinder damit füttern möchtest.

Bananen-Milch A

Beim Spielen wird man leicht durstig. Und da Getränke mit Milch besonders gut schmecken und gesund sind, machst du eine leckere Bananenmilch.

Dafür brauchst du:
1 kleine Banane,
1 Päckchen Vanillezucker,
2 Kaffeelöffel Honig,
¼ l kalte Milch.

Und so wird es gemacht:
Die Banane schälen, in Scheiben schneiden und diese mit einer Gabel zerdrücken. Dann so lange mit der Gabel drücken und rühren, bis ein glatter Bananenbrei entstanden ist. Rühre Vanillezucker und Honig unter.
Den süßen Bananenbrei in die Puppenkaffeekanne geben. Kalte Milch hineingießen und alles mit einem Schneebesen gut verrühren. Dann kannst du die Bananenmilch deinen Puppenkindern servieren.

Tip:
Wenn du die Bananenmilch lieber in kleine Gläser gießen willst, könntest du noch ein paar Corn-flakes darüberstreuen.

Schinkennudeln mit Rührei   A

Für Puppeneltern und Puppenkinder brauchst du:
1 Tasse Wasser,
1 Messerspitze Salz,
3 Eßlöffel Nudeln (Hörnchennudeln oder Spirelli);
½ Kaffeelöffel Margarine,
½ Scheibe gekochten Schinken,
1 Ei,
1 Eßlöffel Milch;
1 kleine Tomate oder 1 Stielchen Petersilie zum Verzieren.

Und so wird es gemacht:
Die Zutaten kaufst du bei der Mutti in der Küche ein. Nimm deinen größten Puppentopf und gieße das Wasser hinein. Stelle den Topf auf deinen Puppenherd (Elektroherd auf Stufe I schalten oder das Espit beim Espitherd anzünden), und warte so lange, bis das Wasser ganz heiß ist. Wenn sich kleine Kochbläschen im Wasser zeigen, gib Salz und die Nudeln hinein. Lasse die Nudeln 15 oder 20 Minuten leicht kochen (oder im heißen Wasser ziehen, wenn dein Herd nicht stark genug heizt), gieße dann die Nudeln in ein Sieb, damit das Wasser abtropfen kann. Während die Nudeln kochen, brauchst du nicht untätig zu sein. Mache am besten schon das Rührei. Du brauchst eine Pfanne mit 10 cm Durchmesser, die du auf den Herd stellst. Die Margarine in die Pfanne geben und so lange erhitzen, bis sie geschmolzen ist und etwas zu brutzeln beginnt. Den Schinken kannst du inzwischen schon in kleine Stücke schneiden. Dann kommt er in die Pfanne. Das Ei über einer kleinen Schüssel aufschlagen und mit Milch verrühren, dann in die Pfanne gießen und so lange rühren, bis das Ei nicht mehr flüssig ist. Man sagt dazu: das Ei »stockt«.

Gib die gekochten Nudeln in eine Schüssel und lege rundherum das Rührei mit Schinken als Kranz. Du weißt, das Auge ißt mit. Deshalb schneidest du die Tomate noch in Scheiben und legst sie zur Dekoration auf die Puppenteller. Oder du garnierst das leckere Essen mit etwas Petersilie.

Kleine Restepfanne (Pytt y panna)   A

Pytt y panna heißt in Schweden kleine Pfanne. Du kannst zu diesem Gericht am besten gekochte Kartoffeln verwenden, die vom Mittagessen übrig geblieben sind.

Für eine Puppenfamilie brauchst du:
½ Kaffeelöffel Margarine,
1–2 kleine, gekochte Kartoffeln,
½ Scheibe Corned beef (oder 3 Scheiben Fleischwurst),
1 Ei,
1 ganz kleine Gewürzgurke (= Cornichon),
wenn da ist, etwas Schnittlauch oder Petersilie.

Und so wird es gemacht:

Bitte deine Mutti um die Zutaten.

Du brauchst eine Pfanne mit etwa 10 cm Durchmesser. Stelle sie auf deinen Kochherd. Wenn es ein Elektroherd ist, schalte auf Stellung I, ist es ein Espitherd, mußt du das Espit anzünden.

Die Margarine in die Pfanne geben und so lange erhitzen, bis sie zu brutzeln beginnt.

Die Kartoffeln in kleine Würfel schneiden und in die Pfanne geben. Ungefähr 5 Minuten leicht anbraten. Dann das Corned beef – du kannst die Scheibe in Stücke zupfen – in die Pfanne geben und mit den Kartoffeln vermischen.

Das Ei aufschlagen und auf die Kartoffeln geben. Nun mußt du das Gericht so lange braten, bis das Ei fest geworden ist.

Die kleine Gewürzgurke wird in dünne Scheiben geschnitten und dient zum Verzieren der kleinen Pfanne. Wenn du Schnittlauch oder Petersilie hast, kannst du sie ganz fein schneiden und über das Gericht streuen.

Tip:
Dazu schmeckt Apfelsaft oder Kakao

Für Süßmäulchen (süße Nachspeisen)

Puddings, Cremes, Obstsalate und andere süße Speisen schmecken dir und deinen Freunden und Freundinnen besonders gut. Übrigens auch vielen Erwachsenen – aber die wollen nicht immer zugeben, daß sie auch noch richtige Schleckermäuler sind.

Süße Speisen unterteilen wir in »Nachtisch«, auch Nachspeise oder Dessert genannt, und Hauptgericht. Von der süßen Nachspeise ißt man natürlich keine großen Mengen. Dafür kann man sich an süßen Hauptgerichten, z. B. einem Kirschenmichel, richtig satt essen.

Süße Speisen schmecken – zugegeben – besonders gut. Du solltest bei der Auswahl aber beachten, daß es Süßspeisen gibt, die gut schmecken und zudem gesund sind, und diese wählen. Verwende z. B. viel frisches Obst. Darin sind wichtige Vitamine und Mineralstoffe. Auch Quark, Joghurt und Milch solltest du viel verwenden. Darin ist viel Eiweiß und Kalzium und das braucht dein Körper, damit er weiter wachsen kann.

Übrigens: Fast alle Süßspeisenrezepte kannst du ausprobieren, auch wenn du noch nicht so viel Kocherfahrung hast.

Birnen-Igel   A

Für 4 Personen brauchst du:
4 große oder 8 kleine Birnenhälften aus der Dose,
1 Beutel Mandelstifte (40 g),
12–20 Korinthen für Augen und Leckermäulchen (oder Zuckerperlen).

Und so wird es gemacht:
Öffne die Dose und nimm vier schöne Birnenhälften heraus. Lege sie kurz auf Küchenkrepp, damit der Saft abtropft. Dann die Mandelstifte wie Igelstacheln in die Birnen spießen. Nur da, wo früher der Birnenstiel saß, bleibt der Kopf des Igels stachelfrei. Mit Korinthen – oder Zuckerperlen –, die du in die Birne drückst; deutest du die Augen und das Igelschnäuzchen an.

Setze die Igelchen vorsichtig auf Glasteller. Vor dem Servieren kannst du sie noch eine Weile in den Kühlschrank stellen.

Dazu gibt es eine Schokoladensoße, die sich jeder bei Tisch über sein Igelchen gießt.

> *Tip:*
> Wenn die Birnenhälften sehr klein sind, rechne pro Person zwei. In einer großen Dose Birnen sind 8 bis 10 Hälften, in einer kleinen ungefähr 5. Natürlich kannst du auch von Muttis eingekochten Birnen nehmen.

Schokoladensoße   A

Schokoladensoße bereitest du für Birnenigel oder Vanillepudding oder auch für Obstsalat.

Für 4 Personen brauchst du:
1 Päckchen Schokoladensoßenpulver,
1 gehäuften Eßlöffel Zucker,
¼ l Milch.

Und so wird es gemacht:
Gib das Soßenpulver aus dem Päckchen in eine kleine Schüssel oder Tasse. Dann den Zucker dazu und 3 bis 4 Eßlöffel von der Milch. Alles mit einer Gabel oder einem kleinen Schneebesen glattrühren. Es dürfen keine Klümpchen mehr in der Soße sein.

Einen kleinen Topf mit kaltem Wasser ausspülen, die Milch hineingießen. Den Topf auf den Herd stellen und die Milch erhitzen. Wenn sie kocht, den Topf von der Kochstelle nehmen und das angerührte Soßenpulver hineinrühren. Mit dem Schneebesen alles gut glattrühren. Dann den Topf wieder auf den Herd stellen und die Soße einmal aufkochen lassen. Sie zeigt dann blubbernde Blasen.

Nimm den Topf vom Herd und stelle ihn in das Spülbecken. Laß etwas kaltes Wasser in das Becken – aber nicht in den Topf – laufen. Rühre die Schokoladensoße ein paarmal um und laß sie kalt werden. Eventuell kannst du zwischendurch das Wasser auslaufen lassen und neues, kaltes in das Becken geben.

Dann die Schokoladensoße in einen kleinen Krug oder eine Soßenschüssel gießen und servieren. Du kannst sie aber auch im Kühlschrank noch kälter werden lassen.

Himbeer-Quarkcreme   A   ▲

Für 4 Personen brauchst du:
¼ l Milch,
1 Päckchen Puddingcremepulver mit Himbeer-Geschmack (ohne Kochen)
125 g Quark (Magerstufe),
⅛ l süße Sahne,
2 Kaffeelöffel Haselnuß-Krokant (oder Schokoladenstreusel).

Und so wird es gemacht:
Die kalte Milch in eine Schüssel gießen, das Cremepulver hineingeben und beides mit dem Schneebesen verrühren. So lange schlagen, bis eine Creme entsteht. Dann den Quark unterrühren.

Die Sahne in einen hohen Rührbecher geben und mit dem elektrischen Handrührgerät (Schneebesen verwenden, nicht Knethaken!) auf höchster Schaltstufe steifschlagen. Die Hälfte der Sahne in die Himbeercreme rühren und diese in vier Glasschüsselchen verteilen.
Die restliche Sahne kannst du in den Spritzbeutel – mit Sterntülle – füllen und auf jede Cremeportion nun einen dicken Tupfen Sahne spritzen.
Streue Haselnußkrokant oder Schokoladenstreusel auf die Sahnetupfen und stelle die Himbeer-Quarkcreme noch ungefähr 15 Minuten in den Kühlschrank.

Bananen-Kirschsalat   A

Für 4 Personen brauchst du:
2 große Bananen,
500 g Süß- oder Sauerkirschen (es können auch konservierte sein),
1 Zitrone,
2–3 Eßlöffel Honig,
1 Beutel Mandelblättchen (= 40 g).

Und so wird es gemacht:
Die Bananen schälen und in dünne Scheiben schneiden. Die Kirschen waschen und entsteinen. Nimm zum Entsteinen ein spitzes Küchenmesser oder einen Kirschentsteiner und bohre den Stein heraus.
Gib die Kirschen und die Bananenscheiben in eine Schüssel. Halbiere die Zitrone und drücke den Saft auf einer Zitronenpresse aus. Gib den Saft in eine Tasse und verrühre ihn mit dem Honig. Gieße ihn dann über die Früchte, streue die Mandelblättchen darüber und hebe mit einem Salatbesteck alles ganz locker, ohne zu quetschen und zu drücken, durch. Im Kühlschrank mindestens 15 Minuten ziehen lassen.

In Gläser oder Schälchen verteilen und als Nachtisch servieren.

> **Tip:**
> Entweder mit steifgeschlagener Sahne servieren. Oder Vanilleeis (½ Familienpackung) in Würfel schneiden, auf Teller geben und den Salat darüber verteilen.

Quarkcreme »Rotkäppchen«   A   ▶

Für 4 Personen brauchst du:
250 g Quark (Magerstufe),
3 Eßlöffel Zucker,
½ Tasse Milch (= 4 Eßlöffel),
½ Zitrone,
1 Packung tiefgefrorene Himbeeren (300 g),
1–2 Eßlöffel Schokoladenstreusel (oder Schokoladenblättchen).

Und so wird es gemacht:
Gib Quark, Zucker und Milch in die Rührschüssel. Drücke den Zitronensaft auf der Zitronenpresse aus und gieße auch ihn in die Schüssel. Verrühre alles mit einem Schneebesen zu einer glatten Creme.
Die Hälfte der gefrorenen Himbeeren in vier Glasschälchen verteilen. Darüber die Quarkcreme geben. Mit den restlichen Himbeeren am Rand ein Kränzchen legen.
Die Quarkcreme 20 bis 30 Minuten stehen lassen (nicht in den Kühlschrank stellen!), bis die Himbeeren aufgetaut sind. Schokoladenstreusel in die Mitte streuen und die Quarkcreme servieren.

> **Tip:**
> Anstelle von Himbeeren kannst du auch frische Erdbeeren oder süße Kirschen verwenden.

Vanillesoße   A

Vanillesoße schmeckt gut zu gefüllten Äpfeln, zu Schokoladenpudding und Kirschenmichel.

Für 4 Personen brauchst du:
2 Päckchen Vanillesoßenpulver,
2 gehäufte Eßlöffel Zucker,
½ l Milch.

Wenn du eine Schokoladensoße machen kannst, weißt du auch, wie du eine Vanillesoße bereitest: genauso. Nur das Pulver ist eben hell!

Gefüllte Äpfel   B

Für 4 Personen brauchst du:
4 mittelgroße rotwangige Äpfel,
2 Eßlöffel Rosinen (oder Korinthen),
2 Eßlöffel gehackte Haselnüsse,
1 Eßlöffel Zucker,
1 Eßlöffel Paniermehl (= Semmelbrösel),
1 Kaffeelöffel Butter (oder Margarine),
1 Zitrone,
½ Tasse Wasser.

Und so wird es gemacht:
Die Äpfel waschen und abtrocknen. Wenn die Schale nicht schön ist, auch schälen, sonst mit der Schale verwenden. Mit einem Apfelausstecher das Kerngehäuse herausstechen. Wie es gemacht wird, siehst du im ersten Kapitel.

In einer Schüssel Rosinen, gehackte Haselnüsse und Zucker vermischen. Die Äpfel in einen kleinen Topf setzen und mit der Rosinenmischung füllen.

Paniermehl (= Semmelbrösel oder Weckmehl) über die Füllung streuen und obenauf ein Butterflöckchen legen.

Die Zitrone auspressen und den Saft mit dem Wasser vermischen. In den Topf gießen und den Deckel auflegen. Auf dem Herd (Schaltstufe 2,5 oder, auf der Automatikplatte 8–9, mittelgroße Gasflamme beim Gasherd) ungefähr 10 Minuten dünsten. Prüfe zwischendurch, ob die Äpfel schon weich sind, denn zerfallen dürfen sie nicht. Feste Äpfel müssen etwa 5 Minuten länger dünsten. Schalte dann aber auf kleinste Wärmestufe.

Nimm den Topf von der Kochstelle, laß die Äpfel etwas abkühlen und setze sie vorsichtig auf kleine Teller. Dazu reichst du Vanillesoße, die du nach dem Rezept im Kapitel für Süßmäulchen zubereitest.

Tip:
Gefüllte Äpfel schmecken warm und kalt. Du kannst sie auch mit Mandelblättchen und Schokoladenstücken füllen oder Marzipan hineinstecken.

Grießflammeri mit Obst   B

... schmeckt gut im Sommer. Du kannst ihn als Mittagessen servieren oder als Nachtisch.

Für 4 Personen brauchst du zum Sattwerden:
1 l Milch,
100 g Weizengrieß,
125 g Zucker,
1 Prise Salz,
1 Eßlöffel Butter (oder Margarine),
2 Eier,
1 Zitrone.

Und so wird es gemacht:
Den Kochtopf mit kaltem Wasser ausspülen. Dann die Milch hineingießen, Topf auf den Herd stellen und die Milch bei mittlerer Hitze zum Kochen bringen. Den Topf von der Kochstelle nehmen und unter Rühren den Grieß einrieseln lassen. Dann den Topf wieder auf den Herd stellen und 5 Minuten bei kleinster Wärmestufe kochen lassen.

Halte dabei den Topf – mit einem Topflappen – am Griff fest und rühre mit dem Löffel in der anderen Hand den Brei ständig um. Gib Zucker, Salz und Butter in den Brei und verrühre alles. Nimm dann den Topf von der Kochstelle.

Über einer Tasse die Eier trennen. Eigelb in den Brei rühren. Eiweiß in den Rührbecher geben und mit dem elektrischen Handrührgerät (Schneebesen verwenden) steifschlagen. Die Zitrone auspressen und den Saft mit dem Eiweiß unter den Flammeri rühren.

Du kannst den Flammeri portionsweise auf Suppenteller geben oder in eine kalt ausgespülte Schüssel füllen. Wenn du frische Früchte verwendest, kannst du einen Teil davon erst in die Teller oder Schüssel geben und darauf den Grießflammeri. Die übrigen Früchte verteilst du dann über dem Flammeri.

Tip:
Frische Früchte, wie Himbeeren, Erdbeeren, Johannisbeeren, Kirschen oder Blaubeeren (= Heidel- oder Schwarzbeeren) schmecken am besten dazu. 500 g davon jeweils waschen und vorbereiten und mit 4 Eßlöffeln Zucker bestreuen.

Schokoladenfondue, das süße Gesellschaftsspiel für Kinder   A

Wenn du im Winter deinen Geburtstag feierst oder einfach so Freunde eingeladen hast, eignet sich das Schokoladenfondue sehr gut als Gesellschaftsspiel. Keiner wird sich dabei ausschließen, denn süße Spiele sind nun einmal besonders beliebt.

Für 4 Personen brauchst du:
3 Tafeln Vollmilchschokolade à 100 g,
3–4 Eßlöffel Wasser,
4 Eßlöffel Sahne oder Dosenmilch,
zum Einstippen:
250 g grüne (oder blaue) Weintrauben,
1 Apfel,
1 Apfelsine (= Orange),
1 Banane,
1 Birne,
1 Zitrone,
1 Packung Löffelbiskuits (20 Stück).

Und das sind die Vorbereitungen:
Du brauchst eine feuerfeste Kasserolle (aus Keramik oder Glas) und ein Stövchen mit Teelicht, das deine Eltern sonst zum Warmhalten von Kaffee oder Tee gebrauchen, oder fürs Fleisch- und Käsefondue.
Zerbröckle die Schokolade und gib sie in die Kasserolle. Füge das Wasser dazu.
Weintrauben, Apfel und Birne waschen. Trauben von den Stielen zupfen. Apfel, Birne und Banane schälen. In etwa 2 cm große Stückchen oder Scheiben schneiden.
Die Zitrone auspressen und mit dem Saft die Obststückchen beträufeln.
Die Apfelsine schälen und in Spalten zerteilen.
Verteile nun die Früchte gleichmäßig auf vier Glasteller, so daß jedes Kind dasselbe hat, und decke das Obst luftdicht (mit Alufolie oder Sichtfolie) ab.
Die Biskuits in eine Schüssel geben oder am besten gleich auf Kuchenteller verteilen.
Decke den Tisch am besten mit einem bunten Papiertischtuch oder verwende abwaschbare Tischsets. Stelle das Stövchen in die Mitte.
An jeden Platz nun den Kuchenteller mit den Löffelbiskuits und das Schüsselchen mit dem Obst stellen. Kuchengabeln und Servietten werden auch gebraucht. Für das Getränk Tassen oder Becher dazustellen.
Wenn deine Gäste gekommen sind, mußt du noch einmal für 5 Minuten in die Küche verschwinden.
Stelle die feuerfeste Kasserolle auf den Herd und schmelze die Schokolade. Die kleinste Wärmestufe genügt (also Schaltstufe 1 beim Elektroherd, bei der Automatikplatte 2–3, beim Gasherd die allerkleinste Flamme!).
Verrühre dann die geschmolzene Schokolade mit dem Wasser und füge die Sahne dazu. Wenn alles glatt ist, stelle die Kasserolle auf das Stövchen mit dem brennenden Teelicht.

Nun mache deinen Gästen vor, wie das Fondue gegessen wird. Auf die Kuchengabel (man kann auch lange Holzspießchen verwenden!) wird jetzt immer ein Stückchen Obst gesteckt. Dann vorsichtig, denn das Stückchen soll ja nicht abrutschen, in die Schokoladenmasse getaucht.
Anschließend (etwas Pusten ist vielleicht nötig!) in den Mund stecken ... hmmmmmm, das schmeckt so, daß es so lange wiederholt wird, bis alles aufgegessen ist.
Dieser Spaß macht natürlich auch durstig. Biete deinen Gästen heißen Milchkaffee oder Limonade an. Wenn du willst, aber auch Teefrüchtebowle.

Mixereien für durstige Kinder

Daß Milch für Kinder gesund ist, weil darin Eiweiß zum Wachsen deines Körpers, Kalzium für deine Zähne und Knochen und viele Vitamine sind, die dich gesund erhalten, weißt du natürlich schon längst.
Wie gut Milch aber schmecken kann, wenn man daraus verschiedene Getränke zaubert, weißt du erst ganz genau, wenn du die verschiedenen Rezepte ausprobiert hast. Am besten fängst du mit dem Ausprobieren gleich an, denn Milchmix – Zeit ist immer – für dich, für deine Geschwister und deine Freunde.
Und was noch praktisch bei den Mixereien ist: Es geht ganz rasch und ohne Kocherei!

Apfelsinenmilch   A

Für 4 Gläser brauchst du:
½ l kalte Milch,
2 Eßlöffel Honig (oder Zucker),
2 Apfelsinen (oder 3 Mandarinen).

Und so wird es ohne Mixer gemacht:
Wenn du keinen Mixer hast oder dich damit noch nicht umzugehen traust, schneidest du die Apfelsinen quer durch. Lege sie auf ein Brettchen, damit sie dir nicht beim Schneiden wegrutschen.
Drücke den Apfelsinensaft auf einer Zitronenpresse aus und gieße ihn in einen Rührbecher. Gib die kalte Milch und den Honig dazu und verrühre alles gut mit dem Schneebesen. Dann die Milch in Gläser gießen und sofort servieren und trinken.

Und so wird es mit Mixer gemacht:
Gib die kalte Milch und den Honig in den Mixer und setze den Deckel auf. Schäle die Apfelsinen und teile sie in Spalten. Einige schöne Scheibchen behältst du zum Dekorieren zurück.
Schalte den Mixer auf Stufe II und stecke nacheinander die Apfelsinenspalten durch die Deckelöffnung. Auf höchste Schaltstufe schalten und 1 Minute durchmixen. Ausschalten und die Apfelsinenmilch in vier Gläser verteilen. Mit Apfelsinenscheiben (oder Mandarinen) verzieren.
Apfelsinenmilch sofort servieren und trinken, denn bei längerem Stehen wird die Milch flockig.

Erdbeermilch   A

. . . schmeckt auch ganz toll!

Du brauchst für 4 Gläser:
200 g frische Erdbeeren,
2 Eßlöffel Zucker,
1 Päckchen Vanillezucker,
½ l Milch (oder Buttermilch).

Und so wird es ohne Mixer gemacht:

Die Erdbeeren waschen, die Stielchen abzupfen. Große Erdbeeren in Stücke schneiden. Auf einen Teller geben und mit einer Gabel musig drücken. So lange quetschen, bis du einen richtigen Erdbeerbrei hast. Gib ihn mit Zucker und Vanillezucker in einen Rührbecher. Die kalte Milch zugießen und alles mit dem Schneebesen gut verschlagen. In Gläser füllen und servieren.

Geheimtip:
Noch himmlischer schmeckt es, wenn du pro Portion noch eine Kugel Vanilleeis ins Glas gibst!!

Zitronenmilch A

Für 4 Gläser brauchst du:
2 naturreine (= ungespritzte!) Zitronen,
2 gehäufte Eßlöffel Zucker,
1 Päckchen Vanillezucker,
½ l kalte Milch.

Und so wird es gemacht:
Schneide die Zitronen in der Mitte quer durch. Eine Hälfte schneidest du in vier dünne Scheiben. Die übrigen drei Hälften werden auf der Zitronenpresse ausgedrückt. Den Zitronensaft, Zucker, Vanillezucker und kalte Milch in den Rührbecher geben. Alles rasch mit dem Schneebesen verschlagen und in vier Gläser verteilen.
An den Rand der Gläser steckst du jeweils eine Scheibe Zitrone, als Verzierung. Schneide die Scheiben dafür an einer Seite bis zur Mitte ein.
Sofort trinken, da die Milch sonst flockig wird.

Leckere Brote

Wenn du nicht immer nur Marmeladenbrote zum Frühstück magst, probiere einmal die folgenden Rezepte aus. Du wirst staunen, wie gut zum Beispiel ein süßes Quarkbrot schmecken kann.

Süßer Bananentoast   A

Für 1 Portion brauchst du:
1 Scheibe Grahambrot (Toastbrot oder Vollkornbrot),
1 Kaffeelöffel Nuß-Nougatcreme (z. B. Nutella, Kabafit),
1 kleine Banane,
1 Kaffeelöffel Zitronensaft,
eventuell 1 Kaffeelöffel gehackte Haselnüsse (oder Mandeln).

Und so wird es gemacht:
Das Grahambrot (oder anderes Brot) bestreichst du mit der Nuß-Nougatcreme.
Die Banane schälen, in Scheiben schneiden und auf das Brot legen. Zitronensaft über die Bananenscheiben träufeln. Eventuell noch mit gehackten Haselnüssen bestreuen.
Zu diesem Frühstücksbrot (es schmeckt aber auch nachmittags) trinke Milch oder Malzkaffee mit viel Milch drin.

Doppeldecker   A

... eignet sich gut als Schulpausenbrot ...

Du brauchst für 1 Doppeldecker:
2 dicke Scheiben Weißbrot (oder frisches Bauernbrot),
10 g Butter oder Margarine (ein Stück, so groß wie eine Walnuß),
1 Blatt Salat,
2 dicke Scheiben Bierwurst oder Schinkenwurst,
1 Gewürzgurke (oder 3–4 Scheiben frische Salatgurke),
Alufolie oder Sichtfolie zum Einwickeln.

Und so wird es gemacht:
Bestreiche die Weißbrotscheiben mit Butter. Lege auf eine Scheibe das gewaschene und abgetrocknete Salatblatt. Darauf die Wurstscheiben legen. Gewürzgurke in Streifen oder Scheiben schneiden und auf die Wurstscheiben geben.
Die zweite Weißbrotscheibe – mit der Butterseite nach unten – darüberdecken. Das Brot etwas zusammendrücken, damit die Auflage nicht herausfällt.
Zum Frischhalten den Doppeldecker in Alufolie oder Sichtfolie einwickeln.

> *Tip:*
> Anstelle von Wurstscheiben, verwende Käsescheiben oder Schinken als Auflage. Kombiniere aber immer mit einem Salatblatt, frischen Gurken- oder Tomatenscheiben. Das hat den Vorteil, daß dein Pausenbrot länger frisch bleibt.

Quarkbrot mit Apfel   A

Für 1 Portion brauchst du:
1 große Scheibe Graubrot (oder Vollkornbrot),
1 Kaffeelöffel Butter (oder Margarine),
2 Eßlöffel Speisequark,
1 Eßlöffel Milch,
1–2 Kaffeelöffel Honig,
½ oder 1 kleinen Apfel.

Und so wird es gemacht:
Die Brotscheibe mit der Butter bestreichen. Den Quark in ein Schüsselchen geben und mit Milch und Honig glatt verrühren. Dick auf die Brotscheibe streichen.

Den Apfel waschen und abtrocknen. Schäle ihn nur, wenn die Schale nicht schön ist. Schneide ihn in Viertel und das Kerngehäuse heraus. Dann die Apfelviertel in ganz dünne Scheiben schneiden oder auf der Rohkostreibe raspeln und auf das Quarkbrot legen.
Verspeise dein Frühstücksbrot dann in Ruhe und trinke Kakao oder Milch dazu. So hast du eine gute Grundlage und hältst bis zur nächsten Schulpause durch.

Tip:
Anstelle des Apfels kannst du zum Beispiel auch Orangenscheiben, frische Erdbeeren, Himbeeren oder andere Früchte verwenden.

Schachbrett-Brot   A

Für 1 Portion brauchst du:
1 Scheibe Pumpernickel (oder dunkles Vollkornbrot),
1 Scheibe Toastbrot,
½ Ecke (= 30 g oder 1 kleiner) Schmelzkäse;
oder nimm Leberwurst oder Streichwurst;
Zum Aufspießen: 3 Käsewürfel, Cocktailwürstchen oder Wurstscheiben, Radieschen und Gürkchen (Essiggürkchen oder Cornichons).

Und so wird es gemacht:
Pumpernickel und Toastbrot übereinanderlegen. Vom Toastbrot die Ränder wegschneiden, so daß beide Scheiben gleich groß sind.
Nun das Toastbrot dick mit Streichkäse (Leberwurst oder Streichmettwurst) bestreichen. Die Scheibe Pumpernickel darauflegen und beides gut zusammendrücken.
Mit einem scharfen Messer, z. B. Tomatenmesser, das doppelte Brot in gleich große Quadrate schneiden. Nun den einen um den anderen Brotwürfel herumdrehen, so daß du ein Schachbrett erhältst.
Dazu gehören noch ein paar Schachfiguren, die auch eßbar sind. Auf kleine Cocktail- oder Holzspießchen steckst du nun nach deinem Geschmack Käsewürfel und Obststückchen, Cocktailwürstchen, Essiggürkchen usw. Die Spieße steckst du dann in das Schachbrett.
Dazu kannst du eine heiße Brühe oder Suppe essen.

> *Tip:*
> Wenn du Mutti oder Vati verwöhnen möchtest, kannst du für alle ein kleines Schachbrett machen.
> Wenn einmal Gäste da sind, kannst du sie mit einem eßbaren Schachbrett überraschen.

Abends paßt zum Schachbrett eine heiße Tomatensuppe oder eine andere Suppe. Aus Fertigprodukten, also aus der Dose oder aus dem Schächtelchen, kannst du ganz schnell eine deiner Lieblingssuppen kochen. Richte dich bei der Zubereitung nach der Anweisung auf der Packung.

Radieschen-Fisch   A

Für 1 Radieschenfisch brauchst du:
1 große Scheibe Graubrot oder Vollkornbrot,
1 Kaffeelöffel Butter,
1 Bund Radieschen,
etwas Tomatenmark oder Mayonnaise aus der Tube.

Und so machst du den Fisch:
Die Brotscheibe gleichmäßig mit der Butter bestreichen. Die Radieschen waschen und abtrocknen. Das Grün und die Wurzeln abschneiden. Dann die Radieschen in dünne, gleichmäßige Scheiben schneiden.
Vorne an der Rundung der Brotscheibe schneidest du ein Dreieck heraus und legst es als Schwanzflosse an das hintere Ende.
Nun den Fisch schuppenartig mit den Radieschenscheiben belegen, also die Scheiben immer etwas übereinander schieben.
Dann noch das Auge und den Mund mit Mayonnaise oder Tomatenmark aufspritzen und fertig ist dein gesundes Abendbrot. Dazu schmeckt dir bestimmt Apfelsaft oder Buttermilch.

> *Tip:*
> Du kannst zum Belegen auch dünne Tomaten- oder frische Gurkenscheiben nehmen.

Toast Hawaii   A

... am besten machst du gleich für die ganze Familie welche zurecht, denn schmecken wird der Toast Hawaii allen.

Für 4 Personen brauchst du:
4 Scheiben Toastbrot,
2 Kaffeelöffel Butter,
4 Scheiben gekochten Schinken,
4 Ananasscheiben (aus der Dose),
4 Scheiben Gouda-Käse (Scheibletten),
eventuell 4 Cocktailkirschen zum Verzieren.

Und so wird es gemacht:
Die Weißbrotscheiben im Toaster leicht toasten. Oder den Grill vorheizen und darunter die Scheiben von einer Seite leicht rösten.
Die Brote mit Butter bestreichen und mit je einer Scheibe Schinken belegen. Darauf werden die Ananasscheiben gelegt und jeweils mit einer Scheibe Käse bedeckt.
Die Toasts unter den Grill schieben. Beim Backofengrill die mittlere Einschiebleiste benutzen, beim Tischgrill die Toasts ganz unten einschieben.
Nun 5 bis 8 Minuten (je nach Grillmodell auch 10 Minuten) grillen, bis der Käse geschmolzen ist und goldbraun wird. Schiebe die Toasts Hawaii dann vorsichtig – denn der Käse ist sehr heiß – auf die Teller. Jeden Toast noch mit einer Cocktailkirsche verzieren – und gleich servieren.

Puffer und Eierkuchen

Eierpfannkuchen A + B

... wie ißt du sie am liebsten? Mit Zucker und Zimt oder mit Kompott, mit Marmelade oder Nougatcreme? Oder noch lieber mit süßem Quark gefüllt? Ein paar Tricks, wie du Eierkuchen servieren kannst, werden dir hier verraten.
Mit dem Grundrezept werden erst einmal die Eierkuchen gebacken, dann kannst du entscheiden, womit sie belegt oder bestreut werden.

Für 2 Personen brauchst du:
2–3 Eier (also entweder 2 große oder 3 kleine Eier),
125 g Mehl,
1 Prise Salz,
¼ l Milch,
½ Glas Selterswasser (= 4 Eßlöffel),
ca. 6 Eßlöffel Öl zum Backen,
Puderzucker.
Wenn du 4 Personen versorgst, mußt du alle Zutaten verdoppeln. Also:
2 + 2 Eier = 4 Eier
125 g + 125 g = 250 g usw.

Und so wird es gemacht:
Schlage die Eier über einer Tasse auf und gib sie in die Rührschüssel. Mit dem elektrischen Handrührgerät (benutze die Schneebesen) auf Schaltstufe II schaumig schlagen. Das Mehl löffelweise – also nach und nach – unterrühren. Etwas Salz und die Milch langsam zugeben. Den Teig 5 Minuten stehen lassen. Dann nochmals auf höchster Schaltstufe durchschlagen und das Selterswasser zugeben.
In der Pfanne, am besten benutzt du eine beschichtete, ca. 2 Eßlöffel Öl bei starker Wärmestufe erhitzen, dann jeweils 2 bis 3 Eßlöffel vom Eierkuchenteig hineingeben. Zu runden, ca 12 cm großen Eierkuchen glattstreichen.
Die Eierkuchen immer erst dann wenden, wenn sich ein goldbrauner Rand gebildet hat und auch die Unterseite goldbraun ist. Dazu einen Pfannenheber nehmen (bei einer beschichteten Pfanne den Spezialwender benutzen, damit der Pfannenbelag nicht beschädigt wird) und die zweite Seite backen.
Eierkuchen aus der Pfanne nehmen, auf einen Teller legen und mit Puderzucker bestreuen. Entweder gleich essen, so schmecken sie am besten, oder übereinander stapeln und warm halten.

> *Tip:*
> Zum Warmhalten die Eierkuchen auf einem Teller übereinanderlegen. Eine größere Schüssel mit heißem Wasser anwärmen, dann austrocknen und umgedreht als Deckel über die Eierkuchen stülpen.

Das schmeckt alles zu Eierkuchen
Zimtzucker: 2–3 Eßlöffel Zucker mit ½ gestrichenen Kaffeelöffel gemahlenem Zimt vermischen und über die Eierkuchen streuen;

Schokoladensirup: oder fertige Schokoladen-Dessertsoße über die Eierkuchen träufeln;
Marmelade oder Nuß-Nougatcreme: damit die Eierkuchen bestreichen. Dann aufrollen und mit Puderzucker bestreuen. Oder mach's einmal mit Blaubeerkompott.

Eierkuchentaschen mit Quarkfülle   B

250 g Quark mit 4 Eßlöffeln Milch und 2–3 Eßlöffeln Zucker verrühren.
250 g frische Erdbeeren (Himbeeren, Heidelbeeren, Kirschen usw.) waschen, abzupfen und kleinschneiden. In den Quark rühren. Jeweils eine Hälfte des Eierkuchens mit Quarkfülle bestreichen – dick natürlich – und die zweite Hälfte überklappen. Dann die Quarktaschen mit Puderzucker bestäuben.
Man kann aber noch viel mehr mit den Eierkuchen machen. Z. B. können Apfel- oder Heidelbeerplinsen daraus gebacken werden:

Apfelplinsen   B

Du brauchst einmal die Zutaten zum Grundrezept sowie einen großen Apfel. Den geschälten Apfel in sehr dünne Scheiben schneiden. Jeweils 2 bis 3 Eßlöffel Eierkuchenteig in die Pfanne geben und verstreichen, Apfelscheiben darauflegen und noch etwas Teig darüberstreichen. Wenn die Unterseite goldbraun gebacken ist, die Plinsen wenden und auch von der zweiten Seite backen. Mit Zimtzucker bestreut servieren.
Anstelle von Apfelscheiben kannst du auch frische gezuckerte Heidelbeeren (250 g genügen) oder 1 Glas Heidelbeeren (400 g) auf die gebackenen Eierkuchen geben.

Omelette mit Geflügelfüllung   C

Wenn du einen Riesenhunger hast, z. B. weil du gerade wieder ein Stück wächst oder Sport getrieben hast, kannst du das Omelette alleine essen. Aber eigentlich reicht es auch, um zwei Personen satt zu machen!

Für 1 großes Omelette brauchst du:
1 kleine Zwiebel,
2 Eßlöffel Öl,
je 1 kleine rote und 1 kleine grüne Paprikaschote,
125 g gekochtes (oder gebratenes) Hühnerfleisch,
Pfeffer und Salz nach Geschmack;
3–4 Eier,
4 Eßlöffel süße Sahne (oder Milch),
½ gestrichenen Kaffeelöffel Salz,
1 Messerspitze Curry;
2 Eßlöffel Öl (oder 30 g Butter).

Und so wird es gemacht:

Zunächst bereitest du die Füllung für das Omelette zu. Dazu die Zwiebel schälen und in kleine Würfel schneiden. In einer Stielkasserolle oder einem kleinen Topf das Öl erhitzen und die Zwiebelwürfel darin glasig braten.

Die Paprikaschoten durchschneiden und das Kerngehäuse (= Samenstand) herauslösen. Die Paprikaschoten waschen und in dünne Streifen schneiden. In die Kasserolle geben und 5 Minuten dünsten.

In der Zwischenzeit das Geflügelfleisch in kleine Stücke oder Streifen schneiden. In die Kasserolle geben, mit etwas Pfeffer und Salz würzen und bei geschlossenem Topf noch 5 Minuten dünsten.

Die Eier in eine Rührschüssel geben, Sahne, Salz und Curry zugeben. Mit dem elektrischen Handrührgerät oder Schneebesen schaumig schlagen.

In einer großen – möglichst beschichteten – Pfanne das Öl oder die Butter erhitzen. Die Eimasse hineingießen und nun bei geschlossener Pfanne stocken lassen. Das dauert ungefähr 8 Minuten. Das Omelette ist richtig, wenn die Oberfläche sich trocken anfühlt und die Unterseite goldbraun ist.

Die Geflügelmischung nun auf eine Hälfte des Omelettes geben. Die zweite Hälfte locker darüberschlagen. Die Pfanne vom Herd nehmen und – beim leichten Schräghalten – das Omelette auf einen großen Teller gleiten lassen. Wenn nötig, mit dem Pfannenmesser etwas nachhelfen.

Dazu kannst du – bei sehr großem Appetit – Bauernbrot mit Butter, Stangenweißbrot oder Salzkartoffeln essen. Als Getränk wirst du dazu Tomatensaft mögen.
Gut schmecken auch Omelette-Füllungen mit Champignons oder anderen Pilzen.

Omelette mit Pilzfüllung   C

Für 1 Omelette brauchst du:
1 kleine Dose Champignons (100 g),
1 kleine Zwiebel,
1 Scheibe gekochten Schinken,
10 g Butter oder Margarine,
⅛ l Milch,
2 gehäufte Kaffeelöffel Helle Soße (Instant),
etwas Dill oder Petersilie.

Und so wird es gemacht:

Die Dose öffnen und das Wasser abgießen. Die Pilze in Scheiben schneiden oder schon gleich eine Dose mit Stücken kaufen, da diese billiger als ganze sind.

Die Zwiebel schälen und in kleine Würfel schneiden, ebenso den Schinken. In einer kleinen Kasserolle in heißer Butter (oder Margarine) anbraten.

Die Champignons zufügen und zwei Minuten mitdünsten. Mit Milch aufgießen und die Instant Soße einrühren. Einmal aufkochen lassen.

Dill oder Petersilie, es genügen zwei Zweiglein, fein schneiden und in die Kasserolle geben.

Das Omelette zubereiten und mit dem Pilzragout füllen.

Tip:
Mit einer Schüssel frischem, grünen Salat servieren.

Wer süße Sachen bevorzugt, kann das Omelette auch nur mit Marmelade oder mit Obstkompott essen!

Kartoffelpuffer mit Apfelmus   A

Wenn du noch etwas ungeübt im Kochen bist oder es schnell gehen soll, weil dein Hunger schon sehr groß ist, kannst du Kartoffelpuffer aus der Packung machen.

Für 2–3 Personen brauchst du:
1 Packung Kartoffelpuffer,
Wasser (nach Angabe auf der Packung),
ca. 6 Eßlöffel Öl,
½ Dose Apfelmus,
eventuell 2 Eßlöffel Preiselbeerkompott,
Zucker, soviel wie dir schmeckt.

Und so wird es gemacht:
Lese bitte auf der Rückseite der Packung nach, wieviel Wasser du zum Anrühren der Kartoffelpuffer brauchst. Messe das Wasser mit dem Meßbecher ab und gieße es in die Rührschüssel. Das Kartoffelpuffermehl mit dem Schneebesen einrühren und dann 10 Minuten quellen lassen. Stelle dir den Küchenwecker ein.
In der Zwischenzeit kannst du schon die Dose mit dem Apfelmus öffnen. Gib das Apfelmus in eine Schüssel und probiere, ob eventuell noch etwas Zucker fehlt. Du kannst auch mit etwas Zimt oder Zitronensaft abschmecken. In die Mitte des Apfelmus gibst du, wenn die Mutter hat, das Preiselbeerkompott.
Bevor du mit dem Backen der Kartoffelpuffer beginnst, rühre den Teig noch einmal gut durch. Dann stelle die Pfanne auf den Herd, gib 1 bis 2 Eßlöffel Öl hinein und erhitze es bei starker Wärmezufuhr. Wenn das Öl heiß ist, gib vorsichtig, damit es nicht spritzt, 2 bis 3 Eßlöffel vom Kartoffelteig hinein. Streiche ihn mit dem Löffel glatt und rund.
Den Kartoffelpuffer erst wenden, wenn sich eine schöne,

braune Kruste am Rand gebildet hat. Auch von der zweiten Seite braun backen. Dann mit dem Pfannenheber aus der Pfanne nehmen und auf einen Teller geben.
Wenn du den nächsten Puffer machst, gib dann jeweils – nach Bedarf – wieder etwas Öl in die Pfanne. Und erst, wenn das Öl heiß ist, kommt der Teig hinein.
Falls dein erster Kartoffelpuffer noch nicht gut gelingt, probiere es gleich noch einmal. Denn beim ersten Mal klappt es häufig noch nicht richtig – außerdem ist die Pfanne dann vielleicht noch nicht heiß genug.

> *Tip:*
> Wenn du Kartoffelpuffer nicht mit Apfelmus magst, kannst du sie auch anders essen. Mit Wurstscheiben (100 g Fleisch- oder Blutwurst für 2 Personen) belegt, schmecken sie auch prima. Lege die Scheiben Wurst dann auf den Puffer, wenn der Teig in der Pfanne noch weich ist.

Spaghetti und andere Nudeleien

Gehörst du auch zu den Kindern, die Spaghetti besonders gerne mögen? Aber wahrscheinlich gibt es gar kein Kind, das Spaghetti mit Tomatensoße nicht mag.
Du weißt bestimmt, daß Spaghetti, Makkaroni, Hörnchen und andere Nudeln aus Mehl, Eiern und Wasser gemacht werden. Aber stell dir vor, sie würden an Bäumen wachsen. Wäre es nicht schön, wenn jedes Kind einen Garten mit einem Spaghetti- oder Makkaronibaum hätte? Es gäbe dann immer genügend Nachschub, um alle Nudel-Lieblingsgerichte zu kochen . . .
Spaghetti und andere Nudeln werden auf die gleiche Art gekocht.

Wie Spaghetti gekocht werden A

Für 4 Personen brauchst du:
2–3 l Wasser,
1 Kaffeelöffel Salz,
250 g Spaghetti (oder andere Nudeln),
1 Eßlöffel Öl.

Und so wird es gemacht:
Fülle das Wasser in einen großen Topf und bringe es auf dem Herd, bei starker Wärmezufuhr, zum Kochen. Salz hineingeben. Die Spaghetti in das Wasser stellen. Du

brauchst sie nicht zu brechen. Sie rutschen von alleine weiter in das Kochwasser, wenn das untere Ende weich wird. Gib etwas Öl mit in das Wasser und rühre einmal mit dem Kochlöffel um, wenn die Spaghetti ganz im Wasser sind.

Stelle den Küchenwecker auf 10 Minuten ein, lies aber noch einmal auf der Spaghetti-Packung nach, wie lange die gekaufte Sorte kochen muß. Eventuell noch einige Minuten weiterkochen. Fische ein Spaghetti heraus und probiere, ob es so weich ist, wie du es gerne magst.

Dann die Spaghetti auf ein großes Sieb gießen und abtropfen lassen. Einmal ganz kurz mit Wasser überspülen, so daß sie nicht zusammenkleben. Eventuell danach mit warmem Wasser überspülen, damit die Spaghetti nicht zu sehr abkühlen. Dann in einer Schüssel servieren.

> *Tip:*
> Mische noch ein Stückchen Butter (1 Kaffeelöffel voll) unter die Spaghetti.

Spaghetti mit Tomatensoße und Wurst   A

Für 4 Personen brauchst du:
250 g Spaghetti,
2–3 l Wasser,
1 Kaffeelöffel Salz;
1/1 Dose geschälte Tomaten,
1 kleine Dose Tomatenmark (oder 3 Eßlöffel),
½–1 Kaffeelöffel Salz,
1 Messerspitze Pfeffer,
½ Kaffeelöffel italienische Gewürzmischung,
2 lange Wiener Würstchen (oder Bockwürstchen),
½ Becher saure Sahne (= 3 Eßlöffel),
2–3 Eßlöffel geriebenen Käse (z. B. Emmentaler-Käse).

Und so wird es gemacht:
Die Spaghetti kochst du so, wie vorhin beschrieben. Öffne vorsichtig die beiden Dosen. Die geschälten Tomaten auf einem Sieb abtropfen lassen, mit einer Gabel zerdrücken und in einen Topf geben.

Tomatenmark und die Gewürze zufügen und alles verrühren. Den Topf auf den Herd stellen (Schaltstufe 2,5 oder 8–10 beim Elektroherd, große Flamme beim Gasherd) und zum Kochen bringen. Bei geschlossenem Topf 10 Minuten kochen lassen und dabei die Wärmezufuhr ganz klein stellen. Eventuell noch etwas Tomatensaft mit in die Soße rühren.

Die Würstchen in dünne Scheiben schneiden und in die Tomatensoße geben. Noch 3–5 Minuten kochen lassen, dann die Sahne einrühren, die Soße abschmecken und anrichten. In einem Schüsselchen stellst du den geriebenen Käse mit auf den Tisch.

Spaghetti mit Apfel-Tomatensoße A

Für 2–3 Personen brauchst du:
1 Packung Miracoli Spaghetti-Gericht (2–3 Portionen),
Wasser,
Salz;
1 großen Apfel,
1 Kaffeelöffel Butter oder Margarine,
2 Eßlöffel Dosenmilch,
⅛ l Wasser.

Und so wird es gemacht:
Die Spaghetti aus der Packung kochst du wie üblich in leicht gesalzenem Wasser gar. Richte dich nach der angegebenen Kochzeit auf der Packung.
Für die Soße den Apfel schälen, in Viertel schneiden und die Kerngehäuse herausschneiden. Die Apfelviertel in kleine Würfel schneiden.
Die Butter in eine Stielkasserolle geben und auf dem Herd zerlaufen lassen. Die Apfelwürfel zufügen und 5 Minuten bei mittlerer Wärmezufuhr dünsten. Dosenmilch und Wasser dazugießen. Das Tomatenmark und die würzende Mischung aus der Packung zugeben. Mit dem Schneebesen alles glattrühren und einmal aufkochen.
Die fertig gegarten Spaghetti abgießen, abtropfen lassen und mit einem Stück Butter vermischt in eine Schüssel geben. Dazu die Apfel-Tomatensoße und den Pameselo-Käse aus der Packung reichen.
Das Gericht kannst du in 20 Minuten fertig haben und hast auch dann noch Zeit, einen frischen Salat dazu zu machen.

Spaghetti mit Fleischsoße A
(Titelbild)

Für 2–3 Personen brauchst du:
1 Packung Spaghetti-Gericht (für 3 Personen),
Wasser,
Salz;
2 Zwiebeln,
2 Eßlöffel Öl,
250 g gemischtes Hackfleisch,
Wasser (nach Packungsangabe),
2 Eßlöffel Dosenmilch oder Sahne.

Und so wird es gemacht:
Die Spaghetti kochst du in leicht gesalzenem Wasser nach der Zeitangabe auf der Packung.
Für die Soße werden die Zwiebeln geschält, dann in kleine Würfel geschnitten (sieh noch einmal vorne nach, wie es gemacht wird).
Das Öl in einen Topf geben und auf der Kochstelle bei starker Wärmezufuhr heiß werden lassen. Die Zwiebelwürfel und das Hackfleisch hineingeben und 10 Minuten braten. Dabei einige Male mit dem Rührlöffel umrühren.
Das Tomatenmark und die Würzzutaten aus der Spaghetti-Packung zugeben. Wasser nach Packungsangabe (⅛ l – ¼ l) zugießen und alles verrühren. Einmal aufkochen lassen, dann bei geschlossenem Topf und kleinster Wärmestufe noch 5 bis 10 Minuten köcheln lassen. Mit Dosenmilch oder Sahne abschmecken. Die Hackfleischsoße in eine Schüssel geben.
Die fertig gegarten Spaghetti ebenfalls anrichten. In einem Schüsselchen den geriebenen Käse mit auf den Tisch stellen.

Grüne Nudeln mit gefüllten Tomaten   B

Für 4 Personen brauchst du:
8 gleich große Tomaten,
300 g gemischtes Hackfleisch,
1 Kaffeelöffel Salz,
½ gestrichenen Kaffeelöffel Pfeffer,
½ gestrichenen Kaffeelöffel Paprika,
1 Messerspitze geriebene Muskatnuß,
½ Bund Petersilie,
1 Zwiebel,
1 Ei;
2–3 l Wasser,
1–2 Kaffeelöffel Salz,
1 Eßlöffel Öl;
250 g grüne Bandnudeln (oder grüne Makkaroni);
eventuell 2–3 Eßlöffel geriebenen Käse.

Und so wird es gemacht:
Als erstes heize den Backofen vor (Elektroherd 220° C; Gasherd Stufe 4) und schiebe den Bratenrost auf der mittleren Einschiebleiste in den Backofen.
Dann die Tomaten waschen. Am Stielansatz einen kleinen Deckel abschneiden und die Tomaten aushöhlen. Das Kerngehäuse in einen kleinen Topf geben und auf dem Herd 5 Minuten kochen. Den Saft, der sich dabei bildet, durch ein Sieb in die feuerfeste Auflaufform gießen.
Hackfleisch, die Gewürze, die feingehackte Petersilie und die geschälte, klein gewürfelte Zwiebel in eine Schüssel geben. Das Ei zufügen und alles zu einem pikanten Fleischteig verkneten. Die Tomaten gleichmäßig mit dem Fleischteig füllen und dann in die Auflaufform setzen.

Im Backofen 25–30 Minuten schmoren, bis sie gar sind. In der Zwischenzeit deckst du den Tisch und kochst die Nudeln.
In einem großen Topf das Wasser mit Salz und Öl aufkochen. Die grünen Nudeln hineingeben und nach der Zeitangabe auf der Nudelpackung kochen. Dann auf einem Sieb mit Wasser überspülen und abtropfen lassen. In eine Schüssel geben und, wenn du magst, mit geriebenem Käse bestreuen.

Wir kochen Reis

Reis paßt als Beilage zu vielen Gerichten. Du kannst ihn auf unterschiedliche Art garen. Wenn du noch nicht viel Kocherfahrung hast oder einmal nicht viel Zeit zum Kochen, kannst du Schnellkochreis im Kochbeutel verwenden. Wenn du aber besonders schönen Reis haben möchtest, bereite ihn anders zu.

Reis im Kochbeutel   A

Für 2 Personen brauchst du:
1 ½ l Wasser,
1 Kaffeelöffel Salz,
1 Kochbeutel Reis.
Für 3–4 Personen nimm 2 Kochbeutel Reis.

Und so wird es gemacht:
Gieße das Wasser in einen Topf, stelle ihn auf den Herd und bringe das Wasser bei starker Wärmezufuhr zum Kochen. Dann Salz und den Kochbeutel mit Reis hineingeben. Auf kleinere Wärmestufe zurückschalten. Den Küchenwecker einstellen – nach Zeitangabe auf der Reispackung – und den Reis kochen lassen.
Der Reis ist fertig, wenn der Beutel dick aufgequollen ist.
Stecke dann durch die Öse am oberen Beutelende einen Kochlöffelstiel und hebe den Beutel aus dem Wasser. Lasse ihn abtropfen, schneide ihn dann unten mit der Küchenschere auf und gib den Reis in eine Schüssel.

Vollwert-Reis   B

Kaufe möglichst Naturreis oder Vollwert Langkornreis (es steht immer auf der Packung, was für Reis es ist, da darin noch wichtige Vitamine und Mineralstoffe sind!).

Für 4 Personen brauchst du:
2 ½ Tassen Wasser (1 Tasse = 150 ml),
2 Kaffeelöffel Instant Hühnerbrühe oder 1 gestr. Kaffeelöffel Salz,
1 leicht gehäufte Tasse Vollwert Reis.

Und so wird es gemacht:
Das Wasser in den Topf gießen, bei starker Wärmezufuhr auf dem Herd zum Kochen bringen. Instant Hühnerbrühe und den Reis hineingeben. Vollwertreis vorher nicht waschen, damit die Vitamine erhalten bleiben! Umrühren, noch einmal aufkochen lassen und den Topf schließen. Auf kleinste Wärmestufe (oder beim Gasherd auf kleinste Flamme) schalten. Den Reis in 20–25 Minuten ausquellen lassen. Stelle den Küchenwecker als Gedächtnisstütze ein.
Der Reis ist dann gut, wenn du ihn mit einer Gabel umrührst und feststellst, daß alles Wasser aufgesogen ist.

Die Reiskörner sind dann prall und weich. Den Reis in einer Schüssel anrichten.
Hübscher sieht es natürlich aus, wenn er gestürzt wird. Du kannst z. B. den Reis in eine mit kaltem Wasser ausgespülte Schüssel drücken oder auch portionsweise in Tassen geben. Lege dann jeweils eine große Platte oder, im zweiten Fall, den Eßteller umgedreht auf die Schüssel. Halte nun mit der einen Hand die Schüssel (oder Tasse) und mit der anderen Hand den Teller und greife nach unten auch um die Schüssel. Drehe mit Schwung alles um, so daß der Teller nun auf dem Tisch steht und die Schüssel oben ist. Wenn du diese dann vorsichtig hochhebst, hast du einen Reisberg.

Tip:
Falls es nicht gleich glückt, spüle die Schüssel noch einmal aus, fülle den Reis wieder hinein und wiederhole den Versuch!

Reis wird ganz schnell zu einem eigenen Gericht, wenn du z. B. Wurst, Schinken usw. untermischst. Probiere einmal:

Erbsen-Schinken-Reis   A

Reis garen, wie du magst.
1 Tasse tiefgefrorene Erbsen auf den Reis geben, während er im Topf ausquillt. 5 Minuten mitgaren. Gekochten Schinken (100 g für 2 Personen) in feine Streifen schneiden und mit den Erbsen unter den Reis mischen. Dazu kannst du noch eine Tomatensoße reichen. (S. 39)
Wenn du Reis im Kochbeutel machst, gib die Erbsen 5 Minuten in das Kochwasser und laß sie dann auf einem Sieb abtropfen. Anschließend mit dem Reis und den Schinkenstreifen vermischen.

Wie werden Kartoffeln gekocht?

Pellkartoffeln   A

Für 2 Personen brauchst du:
6–8 kleine Kartoffeln (= 500 g),
½ gestrichenen Kaffeelöffel Salz,
Wasser.
Wenn du für 4 Personen kochst, nimm die doppelte Menge.

Und so wird es gemacht:
Wähle möglichst kleine, gleich große Kartoffeln aus, damit die Garzeit für alle gleich lang ist. Die Kartoffeln unter fließendem, kalten Wasser waschen, am besten mit einer Bürste sauberschrubben. In einen Topf legen, Salz und soviel Wasser zugeben, daß die Kartoffeln knapp bedeckt sind. Den Deckel schließen.
Topf auf den Herd stellen (Schaltstufe 2,5 oder 8–10 beim Elektroherd, große Gasflamme beim Gasherd). Wenn die Kartoffeln zu kochen beginnen, schalte auf Stufe 1 (oder kleine Gasflamme) und stelle den Küchenwecker auf 25 Minuten.
Nach dieser Zeit stich mit einer Gabel in die Kartoffeln. Sie sind gar, wenn sich die Gabel leicht einstechen und herausziehen läßt. Wenn die Kartoffeln noch nicht gar sind (bei manchen Sorten dauert es etwas länger), laß sie noch weiterkochen.
Dann das heiße Wasser abgießen. Achtung! Heißer Wasserdampf kann dich verbrennen. Lasse die Kartoffeln im offenen Topf etwas abdämpfen (bis sie trocken sind) und gib sie dann in eine Schüssel.
Jeder schält sich bei Tisch seine Pellkartoffeln selbst.

> *Tip:*
> Heiße Pellkartoffeln lassen sich gut pellen, wenn du sie auf eine Gabel spießt. Die Gabel mit der linken Hand nach oben halten. Mit dem Küchenmesser – in der rechten Hand – die Schale abziehen.

Zu Pellkartoffeln schmeckt ein Stückchen frische Butter gut. Oder du reichst Quark dazu, den du verschieden abschmecken kannst. Das folgende Quarkrezept eignet sich auch gut als Brotaufstrich.

Quark mit Kräutern zu Pellkartoffeln

Für 2 Personen brauchst du:
1 Becher Magerquark (250 g),
½ gestrichenen Kaffeelöffel Salz,
1 Messerspitze Paprika,
3–4 Eßlöffel Milch,
1 Bund Schnittlauch oder
1 Kästchen Kresse.
Für 4 Personen alles doppelt nehmen.

Und so wird es gemacht:

Gib den Quark in eine Schüssel. Salz, Paprika und Milch dazu. Spüle den Schnittlauch (oder die abgeschnittene Kresse) unter kaltem Wasser ab und tupfe ihn mit einem Küchentuch trocken. Lege ihn glatt auf ein Schneidbrett. Mit der linken Hand die Stielchen zusammenhalten. Mit dem Küchenmesser – in der rechten Hand – ganz fein schneiden. Dann zum Quark geben.

Mit einem Schneebesen alles glattrühren und zu den Pellkartoffeln servieren.

Der Quark kann auch verfeinert werden.

1 Bund Radieschen und ¼ Gurke unter fließendem, kaltem Wasser waschen. Von den Radieschen die Blätter und Wurzeln entfernen, dann in dünne Scheiben schneiden.

Zarte, frische Gurke verwendest du am besten mit der Schale. Schneide das Gurkenstück zuerst in ½ cm dicke Scheiben und diese dann in kleine Würfel.

Gib alles zum Quark und verrühre ihn gut. Natürlich schmeckt dieser Quark nicht nur mit Pellkartoffeln gut. Du kannst ihn auch zum Frühstück oder am Abend mit Vollkornbrot essen.

Tip:
Probiere auch einmal, den Quark mit kleingeschnittener Tomate oder Paprikaschote (eine kleine rote oder grüne reicht) oder auch mit einem Apfel zu verändern.

Salzkartoffeln   A

Für 4 Personen brauchst du:
1 kg Kartoffeln,
1 gestrichenen Kaffeelöffel Salz,
Wasser.

Und so wird es gemacht:
Wasche die Kartoffeln und schäle sie mit dem Kartoffelschäler oder einem kleinen Küchenmesser. Wasche die geschälten Kartoffeln nochmals gründlich unter kaltem Wasser. Eventuell beim Schälen nicht erfaßte dunkle Stellen, die man Augen nennt, herausschneiden.
Größere Kartoffeln werden in Stücke geschnitten, kleine im Ganzen belassen. Die Kartoffeln in einen Topf geben und Salz darüberstreuen. Soviel Wasser zugießen, daß die Kartoffeln nicht ganz bedeckt sind (bei guten Edelstahltöpfen mit dickem Boden reicht es, wenn du nur ganz wenig Wasser, ca. 1 Tasse voll, zugießt).
Den Topf auf den Herd stellen und das Wasser bei starker Wärmestufe zum Kochen bringen. Wenn es kocht, auf kleinste Stufe zurückschalten und die Kartoffeln bei geschlossenem Topf in 20 bis 25 Minuten garkochen. Die Kochzeit richtet sich nach der Größe der Kartoffeln und auch nach ihrer Sorte.
Steche mit einer Gabel in die Kartoffeln, um zu prüfen, ob sie gar sind. Wenn sich die Gabel leicht einstechen läßt, sind sie fertig und du kannst das Kochwasser abgießen. Achte darauf, daß du dich nicht mit dem Wasser – und dem heißen Dampf – verbrühst.
Laß die Kartoffeln auf dem Herd kurz ausdampfen. Dann in eine Schüssel geben und servieren. Eventuell mit feingehackten Kräutern bestreuen oder ein Stückchen Butter untermischen.

Aus gekochten Salzkartoffeln oder Pellkartoffeln kannst du Bratkartoffeln oder auch Kartoffelsalat machen. Es ist also nicht schlimm, wenn einmal etwas übrigbleibt.

Bratkartoffeln wie von Mutti   A

Für 4 Personen brauchst du:
1 kg geschälte, gekochte Kartoffeln oder Pellkartoffeln,
1 große Zwiebel,
50 g durchwachsenen Speck,
1 Eßlöffel Schweineschmalz (oder Butter),
Pfeffer und Salz.

Und so wird es gemacht:
Schneide die gekochten, geschälten Kartoffeln in Scheiben oder 1 cm große Würfel. Die Zwiebel schälen, zunächst halbieren, dann in Würfel schneiden.
Den Speck in ganz kleine Würfel schneiden und in die Pfanne geben. Diese bei starker Wärmestufe auf den Herd stellen und den Speck goldbraun braten. Schweineschmalz dazu und zergehen lassen. Dann die Zwiebelwürfel zusammen mit den Kartoffelscheiben in die Pfanne geben.
Nun so lange braten, bis die Kartoffeln schön knusprig und braun sind. Dabei mußt du sie einige Male mit dem Pfannenmesser drehen.
Zum Schluß die Bratkartoffeln mit etwas Pfeffer und Salz würzen.

Kartoffelsalat   A

Für 4 Personen brauchst du:
1 kg gekochte Kartoffeln,
1 kleine Zwiebel,
1–2 Gewürzgurken,
4 Eßlöffel Salatmayonnaise,
2 Eßlöffel Kondensmilch (oder Joghurt),
1 kleiner Strauß Petersilie,
Pfeffer, Salz,
1 Messerspitze Curry und Paprika.

Und so wird es gemacht:
Nimm für Kartoffelsalat am besten Salatkartoffeln. Diese zerfallen beim Kochen nicht.
Die Kartoffeln als Pellkartoffeln kochen, d. h. du mußt sie vorher nicht schälen. Etwas abkühlen lassen und pellen. Dann in dünne Scheiben oder in Würfel schneiden.
Die Zwiebel schälen und in kleine Würfel schneiden. Die Gewürzgurken ebenfalls in kleine Würfel oder in dünne Streifen schneiden.
Die Salatmayonnaise in einem Schüsselchen mit Kondensmilch, feingehackter Petersilie und den Gewürzen verrühren. Du kannst auch noch 2 Eßlöffel vom Gewürzgurkenwasser dazugeben.
In einer großen Schüssel werden nun die Kartoffelscheiben mit allen anderen Zutaten locker vermischt. Benutze dazu ein Salatbesteck.
Den Kartoffelsalat gut abschmecken und noch 1 Stunde durchziehen lassen.

> **Tip:**
> Probiere einmal den Kartoffelsalat noch interessanter zu machen. Gib z. B. Maiskörner (1 kleine Dose) und einen kleingeschnittenen Apfel dazu. Auch eine frische Salatgurke oder Tomaten – in kleine Würfel geschnitten – passen in den Kartoffelsalat.

Speckwürstchen mit Kartoffelsalat   A

Für 4 Personen brauchst du:
4 große Bockwürste (Rindswürstchen),
125 g durchwachsenen, geräucherten Speck (= Dörrfleisch),
½ gestrichenen Kaffeelöffel Paprika,
1–2 Eßlöffel Öl.

Und so wird es gemacht:
Jedes Bockwürstchen wird 3- bis 4mal eingeschnitten. Den Speck in 12 bis 16 Scheiben schneiden – also in so viele Scheiben, wie du Wursteinschnitte gemacht hast. Bestreue die Speckstücke mit Paprika.
In jeden Wurstschlitz jetzt ein Speckstück stecken.
Öl in der Pfanne erhitzen. Die Speckwürstchen hineinlegen und in 10 bis 12 Minuten rundherum braten.
Dazu gibt es dann Kartoffelsalat.

Kartoffelklöße   B

Für 4 Personen brauchst du:
1 Packung gekochte Klöße (oder Halb + Halb-Klöße) für 12–16 Stück,
Wasser (nach Packungsangabe),
1 Kaffeelöffel Salz,
Wasser zum Kochen,
1–2 Scheiben Weißbrot oder 1 Brötchen,
1–2 Eßlöffel Butter.

Und so wird es gemacht:
Lies die Zubereitungsanleitung auf der Packung noch einmal genau durch. Nimm eine Rührschüssel und miß die angegebene Wassermenge mit dem Meßbecher ab. In die Schüssel gießen und das Kartoffelpulver einrühren. Benutze dazu am besten den Schneebesen. Dann den Kartoffelteig quellen lassen und die Zeitangabe auf der Packung beachten.
In der Zwischenzeit Wasser und Salz in einen großen Topf geben. Bei starker Wärmezufuhr auf den Herd stellen und zum Kochen bringen.
Das Weißbrot unterdessen in 1 cm große Würfel schneiden. In der Pfanne – oder einer Kasserolle – die Butter schmelzen. Die Weißbrotwürfel hineingeben und bei starker Hitze goldbraun rösten. Dabei einige Male umrühren.
Nun den Kloßteig in 12 bis 16 gleich große Stücke teilen. Feuchte deine Hände unter kaltem Wasser an und rolle daraus gleichmäßige Klöße. In die Mitte jedes Kloßes werden ein paar Weißbrotwürfel gedrückt. Aber danach die Klöße immer wieder gut rund formen und darauf achten, daß keine Rißstellen zu sehen sind. Die Klöße können sonst verkochen.
Die Klöße dann in das kochende Wasser geben – vorsichtig bitte! – und bei kleiner Wärmezufuhr in ca. 15 Minuten garziehen lassen. Den Topf dabei offen lassen. Die Klöße sind gar, wenn sie an der Oberfläche des Wassers schwimmen.
Hebe sie mit einem Schaumlöffel (= Sieblöffel) aus dem Topf. Abtropfen lassen und in einer Schüssel anrichten.

Einestchen auf Kartoffelpüree   A

Für 2 Personen brauchst du:
½ Packung Kartoffelpüree,
Wasser (ca. ¼ l = die Hälfte der Wassermenge für die ganze Packung),
1 Prise Salz,
1 Tasse Milch,
1–2 Butterflöckchen (½ Kaffeelöffel);
4 große Scheiben Bierschinken mit Pelle (es kann auch breite Fleischwurst oder Mortadella sein),
1 Eßlöffel Öl oder 1 walnußgroßes Stück Margarine,
1 kleine Zwiebel,
1 kleine Dose Champignonstücke,
2 Eier,
etwas Salz (ungefähr 1 Messerspitze),
2 Eßlöffel Milch,
½ Bund Dill oder Petersilie;
1–2 Tomaten.

Und so wird es gemacht:
Wenn du Kartoffelbrei zubereitest, lies erst noch einmal die Gebrauchsanweisung auf der Packung durch. Dann stell dir alles, was du an Zutaten und Geräten brauchst, bereit.
Mit einem Meßbecher das Wasser abmessen und in den Topf gießen. Etwas Salz zufügen. Topf auf den Herd

stellen (Elektro-Herd Stufe 2,5 oder 8–10 bei der Automatikplatte, mittelgroße Flamme beim Gasherd). Das Wasser zum Kochen bringen. Dann die Milch und das Püreepulver (oder Püreeflocken) zufügen. Einmal umrühren, Butterflöckchen zufügen. Den Topf von der Kochstelle nehmen und mit dem Deckel schließen, damit das Püree warm bleibt.

Für die Einestchen brauchst du große Wurstscheiben (8–10 cm Durchmesser), die etwas dicker als sonst geschnitten werden. Außerdem muß auf jeden Fall die Wurstpelle (= Wursthaut) daran bleiben.

Stelle die Pfanne auf die Kochstelle (das Püree hast du ja schon beiseite gestellt), und gib etwas Öl oder Margarine hinein. Wenn das Öl zu brutzeln beginnt, lege die Wurstscheiben hinein. Nun zieht sich die Wursthaut im heißen Öl etwas zusammen und es entstehen kleine Nestchen. Drehe sie nach 2 Minuten herum und laß sie auch von der Unterseite 2 Minuten braten. Nimm die Nestchen aus der Pfanne. Während die Nestchen braten, schäle die Zwiebel und schneide sie in kleine Würfel.

Die Eier werden über einer kleinen Schüssel aufgeschlagen, etwas Salz und die Milch zugegeben und alles mit der Gabel verschlagen.

Die Zwiebelwürfel in das heiße Bratfett, das du noch von den Nestchen hast, geben, glasig braten. Die Champignonstücke aus der Dose abtropfen und unter die Zwiebeln mischen. Dann das Ei hineingießen. Unter Rühren leicht stocken lassen, also das Ei fest werden lassen. Das Rührei in die Wurstnestchen verteilen.

Dill (oder Petersilie) feinschneiden und darüberstreuen.

Auf jeden Teller nun Kartoffelpüree geben und zwei Wurstnestchen setzen.

> **Tip:**
> Du kannst auch einen Gemüsesalat in die Wurstnestchen füllen, zum Beispiel aus Leipziger Allerlei, Champignons und Paprikastreifen.

Leckere Mittagessen

Frikadellen A

... schmecken alle Tage. Am besten versuchst du einmal dieses schöne und einfache Essen für die ganze Familie zu kochen.

Für 4 Personen brauchst du:
375 g gemischtes Hackfleisch,
1 trockenes Brötchen,
1 Kaffeelöffel Salz,
je ½ gestrichenen Kaffeelöffel Pfeffer, Paprika und Curry,
½ Bund Petersilie,
1 kleine Mohrrübe,
1 Zwiebel,
1 Ei,
2–3 Eßlöffel Öl (oder Pflanzenfett).

Und so wird es gemacht:
Gib das Hackfleisch in eine große Schüssel. Das Brötchen in einer kleinen Schüssel in Wasser einweichen. Das dauert ungefähr 10 Minuten. Drücke es dann so gut du kannst aus, damit nur ganz wenig Wasser darin bleibt. Gib das Brötchen zum Hackfleisch und die Gewürze darüber.
Die Petersilie waschen und ganz fein hacken. Die Mohrrübe schälen und auf einer Küchenraspel reiben. Die Zwiebel schälen und in kleine Würfel schneiden. Alles in die Schüssel geben, auch das Ei, und dann zu einem glatten Fleischteig verkneten. Benutze zum Kneten ruhig die Hände, weil es damit immer am besten geht.
Dann die Hände wieder unter kaltem Wasser waschen und mit den feuchten Händen acht gleich große Frikadellen formen.
Stelle die Pfanne auf den Herd und gib das Öl hinein. Laß es bei starker Hitze heiß werden. Dann die Frikadellen in die Pfanne legen. Zunächst von der einen Seite ca. 5 Minuten anbraten, dann mit dem Pfannenheber wenden und auch von der zweiten Seite braten. Je nach Dicke der Frikadellen dauert das Braten 10–12 Minuten.
Und so kannst du feststellen, ob die Frikadellen durchgebraten sind: Drücke mit dem Löffelrücken auf die Frikadellen. Wenn sie sich fest anfühlen und kein Fleischsaft herausquillt, sind sie richtig durchgebraten.

Möhrengemüse A

Für 4 Personen brauchst du:
500–600 g frische Möhren (= gelbe Rüben oder Karotten),
ca. ½ Tasse Wasser,
1 gehäuften Kaffeelöffel Instant Hühnerbrühe,
1 Kaffeelöffel Butter,
etwas Petersilie (ca. 1 Eßlöffel, fein gehackt).

Und so bereitest du das Gemüse zu:
Die Möhren mit einem Küchenmesser oder dem Kartoffelschäler dünn schälen. Unter fließendem, kalten Wasser abspülen. Die Möhren in dünne Scheiben schneiden (ungefähr so dünn wie ein Zehnpfennigstück!).
Das Wasser in einen Topf geben, auf den Herd stellen (Schaltstufe 2,5 oder 10 beim Elektroherd, mittelgroße Flamme Gasherd) und zum Kochen bringen. Instant Hühnerbrühe und die Möhrenscheiben hineingeben. 5 Minuten kochen lassen, dann auf kleinste Stufe zurückschalten. Bei geschlossenem Topf in weiteren 10–15 Minuten gardünsten.
Butter unter die Möhren mischen. Fein gehackte Petersilie darüber streuen und in einer Schüssel anrichten.

> *Tip:*
> Wenn du Salzkartoffeln und Frikadellen dazu machst, kochst du als erstes die Salzkartoffeln, dann die Möhren und als letztes die Frikadellen. So wird fast alles zur gleichen Zeit fertig.

Brathähnchen mit Salat   C

Für 4 Personen brauchst du:
1 großes Hähnchen (oder Poularde, 1200–1500 g),
1 Kaffeelöffel Salz,
1 Kaffeelöffel Paprika,
1 Kaffeelöffel Pfeffer,
½ Kaffeelöffel Curry,
½ Kaffeelöffel Rosmarin,
2 Eßlöffel Öl,
1 Kaffeelöffel Butter.

Und so wird es gemacht:
Achte beim Einkauf auf das Gewicht des Hähnchens; bei tiefgefrorenen ist es auf der Verpackung aufgedruckt. Du kannst aber auch ein frisches Hähnchen (oder eine Poularde) verwenden. Das ist dann zwar teurer als ein tiefgefrorenes, schmeckt aber besser.

Wenn du ein tiefgefrorenes Hähnchen gekauft hast, nimm es zuhause gleich aus der Verpackung und laß es bei Zimmertemperatur auftauen. Das dauert nämlich eine ganze Weile (ca. 3 Stunden!).

Zur Zubereitung heize den Backofen vor (Elektro-Herd auf 220–250° C; Gasherd Stufe 4–5) und schiebe den Bratenrost (mit der Rostwölbung nach oben) auf der unteren Einschiebleiste in den Ofen.

Das Hähnchen nun innen und außen unter fließendem, kaltem Wasser waschen (eventuell Innereien im Beutel aus der Bauchhöhle nehmen). Danach sorgfältig mit Küchenkrepp abtrocknen.

In einem Schüsselchen alle Gewürze miteinander vermischen oder fertige Hähnchen-Würzmischung verwenden.

Das Hähnchen damit innen leicht würzen. Die restliche Würzmischung mit dem Öl verrühren.

Eine feuerfeste Auflaufform mit der Butter auspinseln. Das Hähnchen hineinlegen, die Brustseite soll dabei nach oben zeigen. Die Hähnchenflügel im Mittelgelenk leicht verdrehen, so daß sich die Flügelspitzen unter den Hähnchenrücken schieben lassen.

Nun das Hähnchen in der Form auf den Rost im Backofen stellen. 15 Minuten braten lassen. Dann mit dem Gewürzöl bepinseln und weitere 15 Minuten braten. Zwischendurch 2 bis 3 mal mit dem Öl bepinseln.

Das Hähnchen ist gar, wenn du an einem Beinchen ziehst und spürst, daß es sich leicht aus dem Fleisch drehen (lösen) läßt. Eventuell mußt du – bei einem großen Hähnchen – die Bratzeit um ca. 15 Minuten verlängern.

Tip:
Wenn das Hähnchen bei längerer Bratzeit oben zu braun wird, bedecke es mit einem Stück Aluminiumfolie oder Pergamentpapier.

Wie wird das Hähnchen zerteilt?
Lege das gebratene Hähnchen auf ein großes Holzbrett. Möglichst ein solches mit einer Rille, um den Bratensaft aufzufangen! Nimm die Geflügelschere und schneide entlang dem Brustknochen und Rücken das Hähnchen in zwei Teile. Die beiden Hälften werden dann noch einmal quer durchgeschnitten.

Kräuterreis

Koche für 4 Personen 2 Kochbeutel Reis. Unter den fertig gegarten Reis feingehackte Petersilie (½ Bund Petersilie ist reichlich) mischen. Dann den Reis in Tassen füllen und portionsweise auf Teller stürzen.

Bunter Salat

Für 4 Personen brauchst du:
1 Kopf Salat, 3 Tomaten,
¼ Salatgurke (ca. 10 cm),
3–4 Eßlöffel Öl,
1 Zitrone,
Salz und Pfeffer,
½ Kaffeelöffel Zucker,
3 Stielchen Dill.

Und so wird es gemacht:
Vom Salat werden die welken Außenblätter entfernt. Die schönen Blätter vom Strunk lösen und in kaltem Wasser locker waschen. Die Blätter dabei nicht drücken. Das Wasser so oft wechseln, bis keine Schmutzteile mehr am Salat sind. Salat auf einem Durchschlag gut abtropfen lassen, dann die Blätter kleinzupfen.
Tomaten und Gurke waschen. Die Tomaten in Scheiben oder Achtel, die Gurke in dünne Scheiben schneiden.
Salat, Tomaten- und Gurkenscheiben in eine große Schüssel geben.
In einer Tasse das Öl mit dem Saft der Zitrone, Salz, Pfeffer und Zucker vermischen. Den Dill fein hacken und über den Salat streuen. Die Salatsoße darüberträufeln und alles ganz locker mit dem Salatbesteck mischen.

Champignons

Für 4 Personen brauchst du:
1/1 Dose Champignons (450 g Einwaage),
1 kleine Zwiebel, 1 Eßlöffel Butter,
1 Messerspitze Salz,
1 Messerspitze Pfeffer,
2 Eßlöffel saure Sahne (oder Dosenmilch),
1 Eßlöffel feingehackte Petersilie.

Und so wird es gemacht:
Öffne die Dose, gieße das Champignonwasser ab, halbiere oder viertele größere Pilze.
Die Zwiebel schälen, in kleine Würfel schneiden und in einem Topf in heißer Butter glasig dünsten. Das dauert ca. 5 Minuten. Dann die Champignons hineingeben und bei geschlossenem Topf in 5 Minuten erhitzen.
Etwas Salz, Pfeffer und die Sahne untermischen. Die Pilze anrichten und mit feingehackter Petersilie überstreuen.

Sonntagsschnitzel   A

Schnitzel kannst du panieren oder auch ganz einfach so braten. Dann heißt es Schnitzel ›nature‹.

Für panierte Schnitzel für 4 Personen brauchst du:

4 Schweineschnitzel (eines soll 125–150 g wiegen),
Pfeffer, Paprika,
1 Ei,
Salz,
2 Eßlöffel Mehl,
2–4 Eßlöffel Paniermehl (= Semmelbrösel),
Öl oder Schweineschmalz zum Braten (ca. 2 Eßlöffel voll),
eventuell ½ Zitrone und Petersilie.

Und so wird es gemacht:

Lege die Schweineschnitzel nebeneinander auf ein großes Holzbrett. Klopfe sie mit dem Fleischklopfer schön zart. Bestreue die Schnitzel mit frisch gemahlenem Pfeffer und etwas Paprika.
In einem Teller Ei mit einer Gabel verschlagen und salzen. Das Mehl und Paniermehl jeweils auf einen Teller geben. Stell dir den Teller mit dem Mehl auf die linke Seite, den Teller mit dem Ei in die Mitte und daneben den mit Paniermehl.
Gib 2 bis 3 Eßlöffel Öl in die Pfanne und setze sie auf die Kochstelle. Bei starker Wärmestufe erhitzen.
Nun die Schnitzel nacheinander erst in Mehl wenden, dann in das Ei tauchen und anschließend im Paniermehl wälzen. Beide Seiten des Schnitzels müssen gut paniert sein.
Dann die Schnitzel in das heiße Fett legen und von beiden Seiten goldbraun braten. Je nach Dicke der Schnitzel dauert das Braten 10 bis 12 Minuten.

Gulasch (Grundrezept)   C

Für 4 Personen brauchst du:

500 g Gulaschfleisch (vom Rind),
50 g fetten Speck,
2–3 Zwiebeln,
junge Feinschmecker verwenden noch 1–2 Knoblauchzehen (= ½ Kaffeelöffel Knoblauchsaft)
1 kleine Dose Tomatenmark (= 2–3 Eßlöffel),
1 Tasse Wasser,
1 gehäuften Kaffeelöffel Instant Fleischbrühe,
1–2 Kaffeelöffel Rosenpaprika,
½ gestrichenen Kaffeelöffel Pfeffer,
1 gehäuften Eßlöffel Instant Bratensoße,
½ Zitrone,
3 Eßlöffel Dosenmilch oder Sahne,
eventuell noch etwas Salz.

Und so wird es gemacht:

Das Gulaschfleisch am besten am Stück kaufen. Unter kaltem Wasser kurz abspülen und dann mit Küchenkrepp (= Haushaltspapier) abtrocknen. Das Fleisch mit einem scharfen Messer in 1 ½ cm große Stücke schneiden.
Den Speck in kleine Würfel schneiden und in den Bratentopf geben. Bei starker Wärmezufuhr auf den Herd stellen und den Speck glasig braten.
Die Gulaschwürfel hineingeben und rundherum in ca. 15 Minuten kräftig anbraten.
In der Zwischenzeit die Zwiebeln schälen und in große Würfel schneiden. Wenn du Knoblauchzehen verwenden willst, diese schälen und durch die Knoblauchpresse drücken. Zum Gulasch geben, den Topf schließen und auf kleinste Wärmestufe schalten. 20 Minuten schmoren lassen.

Die Dose mit dem Tomatenmark öffnen und den Inhalt in eine kleine Schüssel geben. Warmes Wasser, Instant Fleischbrühe und die Gewürze zugeben. Alles verrühren und dann zum Gulasch gießen.

Das Gulasch ca. 1 Stunde bei geschlossenem Topf schmoren lassen. Zwischendurch einige Male umrühren und eventuell noch etwas Wasser nachgießen.

Probiere dann ein Stück Fleisch, um festzustellen, ob es weich ist. Falls es noch zu bißfest ist, lasse noch 15 Minuten weiterschmoren.

Das Gulasch dann mit Instant Bratensoße binden. Löse das Soßenpulver in ½ bis 1 Tasse warmem Wasser auf. Die Zitrone auf der Zitronenpresse ausdrücken. Das Gulasch mit Zitronensaft und Dosenmilch (oder Sahne) abschmecken, eventuell auch mit Salz nachwürzen.

Das Gulasch in einer Schüssel anrichten und servieren. Dazu schmecken Nudeln, Spätzle oder Reis, Kartoffeln und auch Klöße. Außerdem sollte es noch frischen Salat geben.

> **Tip:**
> Du kannst die Garzeit beim Gulasch etwas verkürzen, wenn du das Fleisch in kleinere Würfel schneidest.

Gulasch kannst du variieren. Das Grundrezept bleibt dasselbe, es wird nur noch mit anderen Zutaten verändert.

Westerngulasch   C

Du brauchst die Zutaten für das Grundrezept und ½ Dose rote Indianer-Bohnen (Kidney Beens, Inhalt 480 g).

Das Gulasch nach dem Grundrezept zubereiten und zum Schluß die Bohnen untermischen und noch einmal aufkochen.

Gemüsegulasch   C

Du brauchst die Zutaten für das Grundrezept, außerdem je 1 rote und 1 grüne Paprikaschote und 200 g frische grüne Bohnen.

Bereite das Gulasch nach dem Grundrezept zu. Während es schmort, die Paprikaschoten aufschneiden und das Kerngehäuse (= Samenstand) herauslösen. Die Paprikaschoten waschen und anschließend in ½ cm breite Streifen oder kleine Stücke schneiden.

Die Bohnen waschen, abfädeln und in Stücke brechen. Beides in den letzten 25 Minuten der Garzeit zum Gulasch geben. Wenn das Fleisch und Gemüse gar ist, kräftig abschmecken.

Dazu kochst du am besten Salzkartoffeln.

Schweinebraten mit Klößen und Gemüse   C

... eignet sich für geübte Kinderköche und -köchinnen, die sonntags einmal die ganze Familie bekochen wollen.

Für 4 Personen brauchst du:

750 g Schweinebraten (z. B. Schweinekeule, Schweineschulter oder Carré),
1 Kaffeelöffel Salz,
½ Kaffeelöffel Pfeffer,
2–3 Eßlöffel Öl (oder 50 g Margarine),
1 große Zwiebel,
¼ l Wasser,
1 Päckchen Schweinebraten-Soße,
1 kleine Dose Champignons in Scheiben (ca. 100 g),
eventuell 2 Eßlöffel Sahne oder Dosenmilch.

Und so wird es gemacht:

Das Fleisch unter kaltem Wasser abspülen, dann mit Küchenkrepp (= Haushaltspapier) abtrocknen. Das Fleisch rundherum mit Pfeffer und Salz einreiben.

Das Öl in einen Bratentopf geben und auf den Herd stellen (Schaltstufe 2,5–3 oder 10 beim Elektroherd; Gasherd große Flamme). Das Fleisch in das heiße Öl legen und rundherum kräftig anbraten (10–15 Minuten).

Die Zwiebel indessen schälen, in 1 cm große Würfel schneiden und in den Topf geben. Wasser zugießen. Den Deckel auflegen und auf kleinste Wärmestufe zurückschalten. Den Schweinebraten nach 30 Minuten einmal wenden.

Wenn der Schmorsaft verdampft ist, mußt du etwas Wasser nachgießen. Dann weitere 30–45 Minuten schmoren. Steche mit der Fleischgabel in den Braten und stelle fest, ob er gar ist. Die Gabel läßt sich leicht einstechen – und der herausdringende Fleischsaft ist klar –, wenn das Fleisch gut durchgebraten ist.

Nimm dann den Braten aus dem Topf und gieße den Bratenfond in den Meßbecher. Fülle mit Wasser auf gut ¼ l (= 250 ccm) auf. Wieder in den Topf zurückgießen. Dann das Soßenpulver einrühren. Die Champignonscheiben aus der Dose und die Sahne zugeben. Die Soße aufkochen, gut abschmecken und in eine Sauciere geben.

Den Schweinebraten in Scheiben schneiden und auf einer Platte anrichten.

Dazu passen Kartoffelklöße.

Gemischtes Gemüse   A

Für 4 Personen brauchst du:
1 große Packung tiefgefrorenes Gartengemüse (= 600 g),
1 Tasse Wasser,
2 Kaffeelöffel Instant Hühnerbrühe,
1 Messerspitze gemahlenen Pfeffer,
1 Kaffeelöffel Butter oder Margarine.

Und so machst du das Gemüse:
Gib das Wasser in einen Topf und laß es auf dem Herd zum Kochen kommen. Dann Instant Hühnerbrühe, Pfeffer und das tiefgefrorene Gemüse hineingeben. Zusammen aufkochen – es dauert ungefähr 5 Minuten, bis das Gemüse zu kochen beginnt –, den Topf schließen und bei mittlerer Wärmezufuhr in ca. 15 Minuten gardünsten. Richte dich beim Garen nach der Zeitangabe auf der Packung und prüfe, ob das Gemüse nach der angegebenen Zeit fertig ist.
Schmecke das Gemüse ab, gib es in eine Schüssel und mische die Butter unter.

Waffeltorte   C   (Titelbild)

Für eine Waffeltorte mit 6 Waffelstufen (zum Nachtisch) brauchst du:
125 g Butter (oder Margarine),
100 g Zucker,
1 Päckchen Vanillezucker,
1 Messerspitze Salz, 2 Eier,
200 g Mehl,
1 Messerspitze Backpulver,
2 Eßlöffel saure Sahne (oder Joghurt),
1–2 Eßlöffel Öl,

Füllung:
1 Päckchen Galetta Himbeer (ohne Kochen),
$^3/_8$ l Milch (= 375 ccm),
$^1/_8$ l süße Sahne;
Puderzucker.

Und so wird es gemacht:
Weiche Butter, Zucker, Vanillezucker und Salz in die Rührschüssel geben. Mit dem elektrischen Handrührgerät (Schneebesen benutzen!) auf höchster Schaltstufe in 4 bis 6 Minuten schaumig rühren. Dann erst das eine, danach das zweite Ei unterrühren.
Mehl und Backpulver vermischen und einen Eßlöffel nach dem anderen in den Teig rühren. Zum Schluß etwas saure Sahne (oder Joghurt) zufügen.
Das Waffeleisen vorheizen, mit dem Backpinsel ausfetten. Pro Waffel nun 2 bis 3 Eßlöffel Teig auf die untere Eisenhälfte geben. Das Waffeleisen schließen und in 3 bis 4 Minuten (das richtet sich nach der Temperatur des Waffeleisens) zu einer goldbraunen Waffel backen. Die Waffel mit einer Gabel herausnehmen. Bitte darauf achten, daß sie nicht zu dunkel backen, sie schmecken sonst bitter.
Soviele Waffeln backen, bis kein Teig mehr übrig ist.
Für die Cremefüllung die kalte Milch in eine Schüssel geben. Die Puddingcreme einrühren und einige Minuten mit dem Schneebesen durchschlagen.
Die Sahne in einen hohen Rührbecher gießen. Mit dem elektrischen Handrührgerät (Schneebesen benutzen!) steifschlagen. Dann locker unter die Himbeercreme mischen.
Jede Waffel dick mit dieser Creme bestreichen. Man kann sie einzeln auf Teller legen und verspeisen. Oder zu einer Torte übereinander schichten. Mit Puderzucker bestäuben und servieren.

Wenn wir Gäste haben

Grillen im Freien

... das macht allen Kindern Spaß. Denn wo sonst darf man noch »zündeln und schmurgeln« und sich dabei fühlen wie Trapper und Indianer oder Strandpirat?

Im Freien grillen kann man auf einem Holzkohlengrill, den es in verschiedensten Arten gibt, und zwar im Garten oder auf einem öffentlichen Grillplatz.

Wenn du grillen willst wie auf dem Bild, dann muß die Umgebung dazu geeignet sein.

Laß auf jeden Fall den Platz von einem Erwachsenen mit aussuchen, denn einen Waldbrand willst du und deine Freunde sicher nicht verursachen.

Viele Steine, die du in einem wasserlosen Bachbett, am Strand oder im Gebirge findest, können als Schutz der Feuerstelle dienen.

Den Untergrund der Grillmulde – am besten sollte es Sand oder ein großer Stein sein – legt ihr mit extra breiter und dicker Aluminiumfolie aus, damit der Platz nach Verlassen leicht wieder saubergemacht werden kann. Die Folie mit Aschenresten wird dann einfach zusammengefaltet und mitgenommen oder in vorgesehene Abfallbehälter gesteckt.

In die Grillmulde – die Ränder der Alufolie nach oben biegen, damit ein Rand entsteht – Holzkohle füllen. Diese gleichmäßig verteilen und anzünden, was mit Spezialanzündern ganz leicht ist. Erst wenn die Holzkohle richtig durchgeglüht ist und weiße Aschenränder zeigt, kann mit dem Grillen begonnen werden.

Der Grillrost wird auf die rundherum aufgetürmten Steine gelegt – nur an einer Seite habt ihr Zuglöcher freigelassen – und mit Öl bepinselt, damit das Fleisch oder was ihr sonst grillt nicht anklebt.

Je nach Zahl und Geschmack der Kinder, mit denen das Grillfest stattfindet, kannst du entscheiden, ob du z. B. nur Würstchen oder Frikadellen grillen willst, ausschließlich Koteletts oder Fleischspießchen. Wenn dir die anderen Kinder dabei helfen, können aber auch verschiedene Sachen vorbereitet werden. Solche Grill-Mixereien haben den Vorteil, daß auch die Freunde, die einen anderen Geschmack haben als du, von deinen Grilladen begeistert sein werden. Denn für jeden gibt es dann etwas, das ihm besonders gut schmeckt.

Gegrilltes Fleisch-Mix   A

Bei gegrillten Schnitzeln, Schweine- oder Rindersteaks rechne pro Person ein Fleischstück von 125 bis 150 g, bei Lammkoteletts 2 Stück mit je 80 g.

Die Fleischstücke kannst du entweder einige Stunden vor dem Grillen in eine Öl-Marinade (wie bei den Hähnchenkeulen Seite 60) legen oder aber einfach kurz vorher mit Öl bepinseln. Erst nach dem Grillen mit Pfeffer und Salz, Steakgewürz und eventuell Kräutern würzen.

Dazu passen verschiedene Grillsaucen, die es fertig zu kaufen gibt, aber auch Ketchup und Senf.

Gegrillte Würstchen   A

Für jede Person brauchst du:
1–2 Würstchen (Bratwürstchen oder Bockwürstchen),
1–2 Scheiben Schinkenspeck (= Frühstücksschinken),
1–2 Holzspießchen,
Öl zum Einpinseln.

Und so machst du es:
Wickle jedes Würstchen in eine Scheibe Schinkenspeck und stecke das Ende mit einem Holzspießchen fest. Dann die Würstchen noch mit Öl bepinseln und auf den vorbereiteten Grill legen. Rundherum schön braun grillen.

Gegrillte Frikadellen   A

Für 4 Personen brauchst du:
die Zutaten vom Frikadellen-Rezept auf S. 50,
2 Eßlöffel Öl.

Und so wird es gemacht:
Die Frikadellen nach dem Rezept zubereiten. Bevor du sie auf den Grill legst, bepinsle sie mit Öl. Die Grillzeit beträgt 12 bis 15 Minuten.

Hähnchenkeulen   A

Für 4 Personen brauchst du:
4 Hähnchenkeulen (à 150–180 g),
1 kleine Zwiebel,
3–4 Eßlöffel Öl,
2 Kaffeelöffel Hähnchen-Grillgewürz.

Und so wird es gemacht:
Wenn du tiefgefrorene Hähnchenkeulen gekauft hast, laß sie erst auftauen. Das dauert bei Zimmertemperatur etwa 1 Stunde. Dann die Hähnchenkeulen kurz unter kaltem Wasser waschen und mit Küchenkrepp abtrocknen.
Steche die Hähnchenkeulen rundherum mit einer Gabel ein paarmal ein. Lege sie in eine große Schüssel.
Die Zwiebel schälen, ganz fein hacken und mit Öl und dem Hähnchen-Grillgewürz in einer Tasse verrühren. Diese Marinade über die Hähnchenkeulen gießen und die Schüssel mit einem Teller zudecken.
Die Hähnchenkeulen bis zum Grillen – mindestens aber 30 Minuten – marinieren, d. h. in dieser Marinade liegen lassen. Zwischendurch einmal wenden, damit die Keulen gleichmäßig von der Marinade durchzogen werden.
Zum Grillen aus der Schüssel nehmen. Abtropfen lassen und auf den Grill legen. Die Garzeit beträgt mindestens 35 Minuten (je nach Grill), bei größeren Keulen 45 Minuten.
Zwischendurch die Hähnchenkeulen auf dem Grill wenden und dabei immer wieder mit der Ölmarinade bepinseln.

> **Tip:**
> Gegrillte Tomaten und frisches Stangenweißbrot schmecken prima dazu.

Grillspieße   C

Für 4 Personen brauchst du:
2 dicke Schweineschnitzel (à 180–200 g),
100 g durchwachsenen Speck am Stück,
1 grüne Paprikaschote,
2 Zwiebeln,
4 sehr kleine Tomaten (= Cocktailtomaten);
2 Eßlöffel Öl,
1 Kaffeelöffel Salz,
½ Kaffeelöffel Paprika,
1 Messerspitze Pfeffer,
½ Kaffeelöffel Knoblauchsaft
(oder 1–2 Knoblauchzehen).

Und so wird es gemacht:
Schneide die Schweineschnitzel in dicke Würfel (2x2 cm), den Speck in ½ cm dicke Scheiben.
Die Paprikaschote längs durchschneiden und das Kerngehäuse entfernen. Paprikaschote waschen und in Stücke von etwa 2x2 cm schneiden.
Die Zwiebeln schälen und vierteln.
Auf lange Grillspieße nun abwechselnd Fleischwürfel, Speck, Paprikastücke und Zwiebelviertel stecken. Für den Holzkohlengrill nur Metallspieße verwenden, da Holzspieße anbrennen würden! An das untere Ende jeweils eine kleine Tomate spießen.
Das Öl mit den Würzzutaten verrühren und die Spieße damit bepinseln. Dann auf den vorbereiteten Grill legen und rundherum schön braun grillen. Grilldauer – je nach Grillart – 20 bis 30 Minuten.

> **Tip:**
> Du kannst diese Spieße auch zubereiten, wenn du nicht im Freien grillen willst. Brate sie in der Pfanne oder grille sie im Tischgrill.

Bunter Wurstsalat   A

Du brauchst für 4 Personen:
250 g Möhren,
½ Tasse Wasser,
1 Messerspitze Salz;
2 Gewürzgurken,
1 großen Apfel,
2 kleine Zwiebeln,
1 Bund Schnittlauch,
250 g Fleischwurst (oder Lyoner).
Für die Marinade:
4 Eßlöffel Öl,
1–2 Eßlöffel Kräuteressig,
1 Kaffeelöffel würzflüssiger Pfeffer,
½–1 Kaffeelöffel Salz,
½–1 Kaffeelöffel Paprika.
Oder nimm 1 kleines Glas gestiftelte Möhren (Inhalt 220 g) und laß sie abtropfen.

Und so wird es gemacht:
Die Möhren waschen, dünn schälen und in schmale Streifen schneiden. In einen kleinen Topf geben, Wasser und Salz zufügen. Auf den Herd stellen, zum Kochen bringen und dann bei kleiner Wärmezufuhr und geschlossenem Topf in etwa 10 Minuten gardünsten. Gib die Möhrenstreifen dann zum Abtropfen auf ein Sieb.
In der Zwischenzeit kannst du dir die anderen Zutaten vornehmen. Die Gewürzgurken in Würfel schneiden. Den Apfel schälen und vierteln, das Kerngehäuse herausschneiden. Die Zwiebeln schälen. Die Apfelviertel in dünne Streifen, die Zwiebeln in dünne Scheiben schneiden und die Ringe auseinanderdrücken. Schnittlauch waschen und kleinschneiden. Die Fleischwurst ebenfalls in Streifen oder Würfel schneiden.

Alle kleingeschnittenen Zutaten – auch die Möhren – in eine große Schüssel geben. Die Zutaten für die Salatmarinade darüber verteilen. Dann mit einem Salatbesteck den Wurstsalat locker durchheben.
Mindestens 30 Minuten (besser ist 1 Stunde) im Kühlschrank durchziehen lassen.
Wurstsalat schmeckt abends mit der Familie gut. Oder auch, wenn es ein Fest zu feiern gibt. Dazu passen Vollkornbrot oder Zwiebelbrötchen und Butter.

Apfel-Grillspieße   C

Damit kannst du auch kritische Gäste und Feinschmecker davon überzeugen, daß du zu den fortgeschrittenen Grillkünstlern gehörst!

Für 6 Personen brauchst du:
400 g Schweinekamm ohne Knochen (= Carré),
3 Eßlöffel Öl,
2 Kaffeelöffel würzflüssige Zwiebel,
frischgemahlenen Pfeffer (= ½ gestrichener Kaffeelöffel voll),
1 Messerspitze gemahlenen Rosmarin,
etwas Salz;
2 mittelgroße Äpfel,
1 Zitrone,
18–24 Trockenpflaumen ohne Kerne.

Und so wird es gemacht:
Stelle dir erst einmal alle Zutaten und die Arbeitsgeräte zurecht.
Dann das Fleisch unter kaltem Wasser abspülen, anschließend mit Küchenkrepp wieder abtrocknen. In 2 cm große Würfel schneiden und in eine Schüssel legen.
Das Öl, würzflüssige Zwiebel und die Gewürze darüber geben, einmal durchmischen und die Schüssel zudecken. 15 Minuten stehen lassen.
Unterdessen die Äpfel vierteln und das Kerngehäuse herausschneiden. Die Zitrone auspressen, die Apfelstücke in einer Schüssel mit dem Saft beträufeln und vermengen.
Auf Grillspieße (Metallspieße benutzen!) und abwechselnd die marinierten Fleischwürfel, Apfelstücke und Backpflaumen stecken.
Die Spieße auf den Holzkohlengrill legen (oder in den Elektro-Grill) und rundherum in 20 bis 25 Minuten schön braun grillen. Zwischendurch mit der Ölmarinade bepinseln.

> **Tip:**
> Mit knusprigem Stangenweißbrot und frischem Salat reichen.

Gegrillte Tomaten   A

Für 4 Personen brauchst du (je nach Appetit):
4–8 mittelgroße Tomaten,
½–1 Eßlöffel Butter,
Pfeffer und Salz.

Und so einfach wird es gemacht:
Die Tomaten waschen und abtrocknen. Schneide sie an der Oberseite über Kreuz 1 cm tief ein. Den Einschnitt vorsichtig auseinander drücken, etwas Butter hineinstecken und mit Salz und Pfeffer würzen.
Dann auf den Grill setzen und – natürlich nur von unten – 5 bis 10 Minuten grillen.

Erbsen-Schinken-Salat A

Für 4 Personen brauchst du:
2–3 l Wasser,
½ Eßlöffel Salz,
1 Eßlöffel Öl,
250 g Makkaroni (oder andere Nudeln, die du magst);
1 Tasse tiefgefrorene Erbsen (= ½ Packung),
150 g gekochten Schinken,
2 Gewürzgurken,
1 Apfel (mit schöner roter Schale!);
3 Eßlöffel Salatsauce mit Kräutern (= Fertigsauce ohne Öl),
2–3 Eßlöffel Öl,
½ gestrichenen Kaffeelöffel Zucker.

Und so wird es gemacht:
In einen großen Topf das Wasser geben, Salz und Öl zufügen. Den Topf auf den Herd stellen und bei starker Wärmezufuhr (höchste Schaltstufe jeweils) zum Kochen bringen. In der Zwischenzeit die Makkaroni in Stücke brechen. Nimm nicht mehr als 3–5 Makkaroni auf einmal, weil es sonst eventuell zu schwer geht und die Makkaronistücke in alle Richtungen spritzen.
Gib die Makkaroni in das kochende Wasser und koche sie bei offenem Topf – jetzt auf kleinerer Wärmestufe – in 12 bis 15 Minuten gar. Richte dich nach der Kochzeitangabe auf der Packung. Dann die Makkaroni auf ein Sieb (oder einen Durchschlag) schütten, mit kaltem Wasser überspülen und abtropfen lassen.
Praktisch ist es, wenn du zuvor die tiefgefrorenen Erbsen in das Sieb gibst und darüber erst die Makkaroni. Durch das heiße Wasser tauen die Erbsen gleich auf. Makkaroni und Erbsen gut abgetropft in eine große Schüssel geben.

Den gekochten Schinken in Würfel schneiden, Gewürzgurken in Scheibchen. Den gewaschenen Apfel vierteln, das Kerngehäuse herausschneiden. Dann die Apfelviertel in dünne Scheiben schneiden. Alles in die Schüssel geben.
Darüber die Salatsauce, Öl und Zucker verteilen. Mit dem Salatbesteck locker durchheben und im Kühlschrank 1 bis 2 Stunden ziehen lassen. Nochmals gut abschmecken und anrichten.

Gefüllte Tomaten   A

Für 4 Personen brauchst du:
4 große Tomaten (à 100 g) oder 8 kleinere,
einige Spritzer flüssige Zwiebelwürze,
1 Becher Cottage Cheese (200 g, oder Hüttenkäse),
4 Salatblätter,
½ Kästchen Kresse,
eventuell 1 Eßlöffel Salatsoße French-Dressing.

Und so wird es gemacht:
Die Tomaten waschen. Oben einen Deckel abschneiden und die Tomaten innen mit einem Kaffeelöffel aushöhlen.
Mit einigen Spritzern Zwiebelwürze innen würzen.
Cottage Cheese (oder Hüttenkäse) im Becher einmal durchrühren. Mit einem Löffel in die Tomaten füllen.
Die Deckelchen der Tomaten wieder aufsetzen.
Salatblätter waschen, mit einem Geschirrtuch trockentupfen und die Blätter auf kleine Teller legen. Wenn du möchtest und hast, jeweils einige Tropfen fertige Salatsoße (z. B. French-Dressing) darüberträufeln.
Die Tomaten auf die Salatblätter setzen.
Kresse mit der Küchenschere aus dem Kästchen schneiden. In einem Sieb mit kaltem Wasser überspülen und abtropfen lassen. Rund um die Tomaten legen.
Abends schmeckt dazu frisches Bauernbrot oder Vollkornbrot mit Butter.

Tip:
Wenn du Gäste damit bewirtest, verwende kleine Tomaten und richte diese dann auf einer Platte an, die du mit den Salatblättern und der Kresse ausgelegt hast.

Für jeden etwas...

Praktische Gebrauchsbücher stehen Ihnen, lieber Leser, mit Rat und Information zur Seite, wenn es darum geht, Fragen des täglichen Lebens zu beantworten. Die hervorragende Sachkenntnis und die verständliche Sprache unserer Fachautoren sind ebenso selbstverständlich wie die sorgfältige Ausstattung unseres großen Buchprogramms. Damit bietet Ihnen der Falken-Verlag Bücher zum Lesen und Nachschlagen, mit denen Sie Ihr Leben aktiv und erfolgreich gestalten können.

(5088) Von J. Hochscheid u. L. Helger, 64 S., 49 Farbf., Pbd., DM 12.80, S 99.–

(5081) Von A. G. Eckert, 64 S., 50 Farbfotos, Pbd., DM 12.80, S 99.–

(5141) Von G. Belli, 64 S., 165 Farbfotos, Pbd., DM 12.80, S 99.–

(5136) Von H. Bielfeld, 64 S., 59 Farbabb., Pbd., DM 12.80, S 99.–

(5131) Von J. Rosenkranz, 64 S., 45 Farbfotos, Pbd., DM 12.80, S 99.–

(5044) Von I. Gabriel, 64 S., 53 Farbfotos, Pbd., DM 12.80, S 99.–

(5074) Von H. Gehring, 64 S., 110 Farbfotos, Pbd., DM 12.80, S 99.–

(5132) Von M. Haberer, 64 S., 70 Farbfotos, Pbd., DM 14.80, S 119.–

(5079) Von A. u. G. Eckert, 64 S., 50 Farbfotos, Pbd., DM 12.80, S 99.–

(5097) Von A. u. G. Eckert, 64 S., 45 Farbfotos, Pbd., DM 12.80, S 99.–

(5099) Von T. Hinz, 64 S., 168 Farbfotos, 21 Zeichn., Pbd., DM 12.80, S 98.–

(5111) Von G. Schoser, 96 S., 98 Farbfotos, 7 Zeichn., Pbd., DM 19.80, S 159.–

Falls durch besondere Umstände Preisänderungen notwendig werden, erfolgt Auftragserteilung zu dem bei der Lieferung gültigen Preis.

(0719) Von I. Kiskalt, 80 S., 320 Farbfotos, 12 Zeichnungen, kart., DM 19.80, S 159.–

(0726) Von A. Ott, 80 S., durchgehend vierfarbig, 101 Fotos, 51 Zeichnungen, kart., DM 19.80, S 159.–

(5134) Von H. Klaus, 64 S., 120 Farbfotos, 144 Zeichnungen, Pbd., DM 14.80, S 119.–

(5135) Von U. Werner, 64 S., 196 Farbfotos, 96 Zeichnungen, Pbd., DM 14.80, S 119.–

(5142) Von S. Oelwein-Schefczik, 64 S., 148 Farbfotos, 173 Zeichnungen, Pbd., DM 14.80, S 119.–

(4178) Von R. Weber, 208 S., 220 Farbfotos, 358 Zeichnungen, Pbd., DM 29.80, S 239.– Jedes Modell ist farbig abgebildet und Schritt für Schritt mit Schnittzeichnungen, Symbolschrift und Tips erläutert.

(4174) Von M. Bustorf-Hirsch, 136 S., 15 Farbtafeln, 47 Zeichnungen, kart., DM 14.80, S 119.–

(4166) Von E. Blome, 556 S., 40 Farbtafeln, Pbd., DM 19.80, S 159.–

(4148) Von A. u. G. Eckert, 160 S., 177 Farbfotos, Pbd., DM 24.80, S 198.–

(4162) Von M. Bustorf-Hirsch, K. Siegel, 144 S., 15 Farbtafeln, kart., DM 14.80, S 119.–

(4141) Von Alfred Berliner, 160 S., über 130 Farbfotos, DM 24.80, S 198.–

(4165) Von V. Müller, 160 S., 80 Farbfotos, Pbd., DM 24.80, S 198.–

Falls durch besondere Umstände Preisänderungen notwendig werden, erfolgt Auftragserteilung zu dem bei der Lieferung gültigen Preis.

(4172) Von V. Pifferi, 160 S., 109 Farbfotos, Pbd., DM 24.80, S 198.—

(4302) Von W. Bauer, 176 S., 193 Farb- u. 12 s/w-Fotos, 37 Computergrafiken, kart., DM 29.80, S 239.—
(4301) Pbd., DM 39.—, S 319.—

(4170) Hrsg. von R. Wehse und D. Enzian, 208 S., 119 Zeichnungen, Pbd., DM 19.80, S 159.—

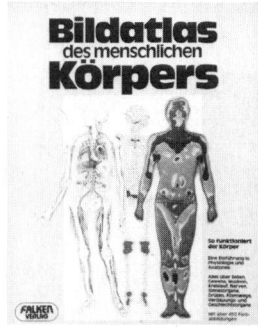
(4177) Von G. Pogliani u. V. Vannini, 112 S., über 450 Farbabb., Pbd., DM 29.80, S 239.—

(4184) Von Kuo Huey Jen, 160 S., ca. 120 Farbfotos, Pbd., DM 24.80, S 198.—

(4304) Von S. Curran, R. Curnow, 143 S., durchgehend 2farbig, 34 Abbildungen, verdeckte Spirale, DM 19.80, S 159.—

(4150) 208 S., 108 Farbzeichn., Pbd., DM 19.80, S 159.—

(4169) Von N. Jorek, 128 S., 8 Farbtafeln, 70 s/w-Abb., kart., DM 14.80, S 119.—

(4303) Von S. Curran, R. Curnow, 191 S., durchgehend 2farbig, 92 Abbildungen, verdeckte Spirale, DM 19.80, S 159.—

(4305) Von S. Curran, R. Curnow, 147 S., durchgehend 2farbig, 46 Abbildungen, verdeckte Spirale, DM 19.80, S 159.—

(4156) Von G. Leibold, 236 S., 8 Farbtafeln, 100 Zeichnungen, kart., DM 19.80, S 159.—
(4157) Pbd., DM 29.80, S 198.—

(4145) Von M. Haberer, F. Jantzen, G. Lysek, P. Möhring, N. Uhl, 352 S., über 1000 farb. Abb., Pbd., DM 29.80, S 239.—

Falls durch besondere Umstände Preisänderungen notwendig werden, erfolgt Auftragserteilung zu dem bei der Lieferung gültigen Preis.

LIEBHABER-BIBLIOTHEK – Jeder Band 80 Seiten, durchgehend in Farbe, nur DM 9,80, S 85,–

(2201)

(2202)

(2203)

(2204)

(2206)

(2207)

(2208)

(2209)

(2211)

(2212)

(2213)

(2214)

Falls durch besondere Umstände Preisänderungen notwendig werden, erfolgt Auftragserteilung zu dem bei der Lieferung gültigen Preis.

Die hier vorgestellten Bücher sind nur eine Auswahl aus unserem großen Ratgeber- und Sachbuchprogramm.
Bitte fordern Sie unser kostenloses Gesamtverzeichnis an.

Falken-Verlag GmbH · Postfach 1120 · D-6272 Niedernhausen/Ts.

Der Spezialist für nützliche Bücher